너무나도 쉬운
비즈니스 글쓰기

너무나도 쉬운
비즈니스 글쓰기

인 정 받 는 　 사 람 들 은 　 이 렇 게 　 쓴 다

황성근 지음

한겨레출판

■ 책머리에

비즈니스 글쓰기는 테크닉이다

 직장생활에서 글쓰기는 상당히 중요하다. 대부분의 사람들이 글쓰기란 학창시절에만 하는 것으로 생각하는 경향이 있지만 직장생활을 하면 할수록 글쓰기의 중요성을 뼈저리게 느끼는 경우가 많다. 업무가 단순한 초년병 시절에는 별로 인식하지 못하다가 직급이 오르고 중책을 맡을수록 글쓰기가 얼마나 중요한지 깨닫게 되는 것이다.
 글쓰기는 직장생활에서 개인의 능력을 드러내는 핵심 관문이다. 글쓰기를 제대로 하지 못하면 아무리 좋은 생각과 아이디어가 있어도 능력을 인정받기 어렵다. 좋은 아이디어를 글로써 표현해내지 못하면 도로 아미타불이 된다. 직장에서는 일차적으로 글쓰기 수준을 통해 그 사람의 능력을 파악한다. 그렇기 때문에 글쓰기는 개인의 업적 평가에도 상당히 중요한 요소로 작용한다. 글을 잘 쓰면 그 사람의 능력도 높게 평가받을 수밖에 없다.

또 하나 중요한 것은 글쓰기를 사소하게 여기는 사람도 있지만 사실은 출세와 직결된다는 점이다. 글쓰기 능력이 떨어지면 직장생활이 고역일 뿐만 아니라 주눅이 들어 원만하게 생활하기도 힘들다. 따라서 자신의 능력을 좀더 과시하고 원만한 직장생활을 하기 위해서는 제대로 된 글쓰기를 익히는 것이 필수다.

내가 알고 있는 한 직장인의 사례를 말해보겠다. 그는 대기업의 잘나가는 사원이었다. 신입사원 시절 촉망받는 사원으로서 열심히 직장생활을 했지만 글쓰기만큼은 자신이 없었다. 대학교 때 과제물로 리포트를 제출해본 경험은 있지만 직장에서의 글쓰기는 쉽지 않았다. 그래서 나름대로 제대로 된 글쓰기를 익히려는 생각은 하면서도 사정이 여의치 않아 차일피일 미루고 말았다. 직장에서 직급이 올라가면서 글쓰기의 필요성은 점점 커졌고 글을 쓰는 일도 늘어났다. 그럴수록 문서 작성의 중요성이 큰 부담으로 다가왔다. 특히 상사에게서 받는 스트레스도 만만치 않았다. 나름대로 열심히 써서 결재를 올렸지만 대부분 직장 후배에 의해 교정되었고, 그러다 보니 중요한 문서를 작성할 때마다 다른 사람에게 의뢰하는 일이 점점 늘어났다. 결국 그는 직장을 그만두고 말았다.

이런 사례는 한둘이 아니다. 일부 조사에서는 글쓰기가 사무직 직장인의 업무 가운데 50퍼센트 이상을 차지한다고 밝혀지기도 했다. 그만큼 글쓰기가 업무의 중심이라고 해도 과언이 아니다.

비단 사무직에만 국한되는 얘기는 아니다. 생산직의 경우에도 글쓰기는 중요하다. 생산직은 대부분 제품 생산과 기술 개발에 매달리지만, 업무에 대한 기본적인 구상이나 내용은 글로 담아내야 한다. 윗선의 결재를 받고 일을 추진하려면 당연히 글쓰기는 기본이다.

그런데 일반적으로 글쓰기가 어렵다고 생각하는 사람들이 많다. 특히 직장인들은 글을 쓰라고 하면 지레 겁부터 집어먹기 일쑤다. 글쓰기를 두려워하는 첫째 이유는 좋은 글을 써야 한다는 부담감 때문이다. 상사나 동료에게 보여주는 글인 만큼 잘못 썼다가는 욕을 먹거나, 자신의 능력을 의심받을까 두려워하는 것이다. 물론 좋은 글을 쓰기란 쉬운 일이 아니다. 직장인이 쓰는 글에서 좋은 글이란 정확한 메시지를 전달하는 글이다. 문장이 수려하거나 개성이 돋보일 필요는 없다. 어떤 내용을 어떻게 잘 전달하느냐가 관건이다. 그러므로 글을 쓸 때 반드시 좋은 글만 써야 한다는 강박관념은 버려야 한다. 가벼운 마음으로 쓰겠다는 자세가 중요하다.

두 번째는 평소 글을 써보지 않았기 때문이다. 대부분의 사람들은 글쓰기를 학교 다닐 때만 하는 것으로 치부한다. 혹은 직업적으로 하는 사람들의 일이지 직장인의 업무는 아니라는 생각을 하게 마련이다. 그러다 보니 막상 글을 써야 할 때가 오면 두려워하면서 어떻게 해야 할지 몰라 당황한다.

마지막으로 글을 쓸 준비가 되어 있지 않기 때문이다. 직장인의 글이든 일반 글이든 한순간에 생산해낼 수 있는 글은 없다. 글을 쓰려면 주제에 대한 자료를 찾고 그것을 소화한 뒤 적절하게 표현해야 한다. 이런 과정은 훈련을 통해서 익힐 수 있다. 글쓰기 능력은 선천적으로 타고나기보다는 후천적인 영향을 더 많이 받는다. 처음엔 어려워 보이지만 글 쓰는 법을 갈고 닦으면 누구나 충분히 잘할 수 있다.

물론 글쓰기를 배울 때는 좀더 체계적일 필요가 있다. 이는 개인적인 학습을 통해 글 쓰는 요령과 테크닉만 익힌다면 충분히 할 수 있다. 특히 비즈니스 글은 일반 글과는 달리 글의 묘미를 살리거나 독특한 개성을 드러내야 하는 것은 아니다. 사업적으로 필요한 글인 만큼 의례적이고 핵심적인 내용만 제대로 담으면 된다. 그런 점에서 비즈니스 글은 다른 글에 비해 테크닉적인 부분이 많이 요구된다. 이 부분은 기본적인 글쓰기 요령을 익히고 비즈니스 글이 갖는 형식이나 양식적인 특징을 알아내면 충분히 표현할 수 있다.

이 책은 비즈니스 글에 대한 막연한 두려움을 갖고 있는 취업 준비생들, 혹은 글쓰기에 자신감을 잃어가는 새내기 직장인들을 위해 쓰여졌다. 하지만 오랜 시간 사회 생활을 해온 직장인들이라 하여도 기본적인 글쓰기에 대한 이해가 부족하다면 이 책이 좋은 안내서가 될 수 있으리라 확신한다. 단순한 매뉴얼로 활용할 수도 있겠지만, 천천히 정독하면서 비즈니스 글쓰기에 대해 전반적으로 이해하는 시간을 가져볼 것을 권한다. 부디 이 책이 글쓰기에 어려움을 겪어온 여러 독자들에게 상쾌한 포만감을 가져다주길 바란다.

2006년 여름
황성근

너무나도 쉬운 비즈니스 글쓰기

차 례

• 책머리에 | 비즈니스 글쓰기는 테크닉이다 • 5

1장 좋은 비즈니스 글쓰기

1. 기록은 기억을 지배한다 • 15
2. 실수는 통하지 않는다 • 19
3. 읽히지 않는 글은 무의미하다 • 23
4. 훈련보다 좋은 선생은 없다 • 27
5. 기본에 충실해야 한다 • 31

2장 비즈니스 글의 생산 과정

1. 글감 기획 • 37
2. 자료 수집 • 44
3. 글쓰기 • 49
4. 글 다듬기 • 54

3장 비즈니스 글쓰기의 전략

1. 비즈니스 글의 구성 • 68
2. 비즈니스 글쓰기의 핵심 포인트 • 77

4장 실전! 비즈니스 글쓰기 ① 대외적 글쓰기

1. 공문서 • 87
2. 설명서 • 100
3. 보도자료 • 110
4. 비즈니스 레터 • 124

5장 실전! 비즈니스 글쓰기 ② 내부용 글쓰기

1. 기안서 쓰기 • 141
2. 기획서 쓰기 • 148
3. 보고서 쓰기 • 161
4. 비즈니스 메모 쓰기 • 172

6장 실전! 비즈니스 글쓰기 ③ 사적인 글쓰기

1. 자기소개서 • 187
2. 이력서 • 198

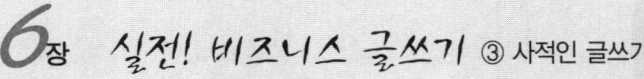

7장 실전! 비즈니스 글쓰기 ④ 웹 글과 프레젠테이션

1. 웹 문서 • 209
2. 이메일 • 217
3. 프레젠테이션 • 228

8장 주옥같은 비즈니스 글쓰기

1. 비즈니스 글의 표현법 • 237
2. 제목 뽑기 • 244
3. 가독성 높이기 • 249

1장 좋은 비즈니스 글쓰기

1. 기록은 기억을 지배한다

직장에서 작성하는 문서는 엄청나게 많다. 사소한 회의 기록부터 대외적인 공문에 이르기까지 하루에도 수많은 문서가 쏟아져 나온다. 비즈니스 글이란 회사에서 작성되는 모든 문서를 의미한다. 회사에서 사업적인 목적으로 쓰는, 업무를 추진할 때 반드시 필요한 글이다. 글쓰기를 하지 않고서는 직장생활을 영위할 수 없다. 물론 업무 중 구두상의 의견 교환이 이루어지기도 한다. 그러나 거기에는 한계가 있다. 의견이 잘못 전달될 수 있을 뿐만 아니라 논리적인 양식을 갖추기에도 미흡한 점이 많다.

글쓰기의 목적은 제각각이지만 글이 존재하는 이유는 동일하다. 모든 글은 읽히기 위해 존재한다. 즉 다른 사람에게 정보를 주거나 글쓴이가 전하고자 하는 내용을 전달하는 것이다. 일상생활에서 자주 쓰는 편지도 공개되는 것이 원칙이다. 즉 단 한 사람이라도 남(독자)이 읽게 되는 것이다. 비즈니스 글도 마찬가지다. 특히 비즈니스 글은 개인이 쓰고 싶으면 쓰고 공개하고 싶으면 공개하는 일반 글과는 다르다. 비즈니스 글은 엄연한 사업적인 글이다.

또한 비즈니스 글은 쓰기 싫다고 해서 쓰지 않아도 되는 것은 아니다. 의무적으로 써야 할 경우가 많다. 내키지 않아도 직장을 그만두지 않는 이상 글쓰기는 해야 한다

비즈니스 글은 실용문이면서, 어떻게 보면 특수한 영역에 속한다. 비즈니스 글은 개인이 아닌 회사가 중심이 된다. 물론 실용문 가운데 기사문은 기자라는 전문 직업인이 주로 쓰지만, 대부분의 실용문은 개인이 주체가 되어 쓰게 마련이다.

그런데 비즈니스 글과 일반 글의 차이점 또한 적지 않다. 여기서 일반 글과 다른 비즈니스 글의 특징을 몇 가지 살펴보자.

첫째, 비즈니스 글은 회사의 주요한 업무 내용을 담아내는 공식적인 글이다. 회사의 업무 추진이나 업적의 결과물이기 때문에 개인이 쓰긴 하지만 내용은 공적인 성격을 갖는다. 당연히 개인적인 정보가 아닌 회사의 공식적인 정보를 담는다. 따라서 비즈니스 글은 개인이 아닌 회사의 소유물이 된다.

둘째, 비즈니스 글은 격식을 중요시한다. 일반 글은 특별한 형식에 구애받지 않고 내용을 갖추어 기고를 하거나 의사를 전달하면 된다. 반면 비즈니스 글은 엄격한 격식을 갖춘다. 비즈니스 글은 내용보다 격식이 더 중요하다는 주장까지 나올 정도다. 그만큼 비즈니스 글은 엄격한 형식과 양식을 따지는 글이다. 아무리 내용을 잘 전개했어도 격식을 제대로 갖추지 못하면 좋은 비즈니스 글이 될 수 없다.

셋째, 일반 글은 흔히 미디어에서 언급하는 대중을 대상으로 하는

반면에 비즈니스 글은 특정 고객을 대상으로 한다. 일반 글은 독자층의 폭이 넓지만 비즈니스 글은 독자가 한정되어 있다. 비즈니스 글은 심지어 독자가 한 사람일 수도 있다. 그러다 보니 일반 글보다는 덜 보편적이다.

넷째, 비즈니스 글은 회사 중심적이다. 모든 글이 독자를 중심으로 쓰여진다고는 하지만 글의 내용은 자기 중심적일 수밖에 없다. 자기가 아는 지식을 글로 표현하고 논리를 세운다. 하지만 비즈니스 글은 회사가 중심이 된다. 글을 쓰는 사람은 회사를 대신해 회사의 입장에서 글을 전개해야 한다. 따라서 회사의 사정과 쓰고자 하는 내용을 정확하게 파악하고 있어야 한다.

결국 비즈니스 글이 일반 글과 근본적으로 다른 점은 업무적인 글쓰기란 것이다. 어떻게 보면 선택의 여지가 없는 글쓰기라고 할 수 있다.

글쓰기는 커뮤니케이션의 핵심 요체이기도 하다. 흔히 커뮤니케이션 하면 주로 말로 의사를 전달하는 것이라고 생각하기 쉽지만 글만큼 정교한 커뮤니케이션은 없다. 물론 말로 하는 커뮤니케이션도 논리를 필요로 하지만 글쓰기만큼 중요하지는 않다. 말을 할 때에는 대화의 상황이 설정된다. 그렇기 때문에 논리적이지 않더라도 상대의 감정이나 표정, 또는 분위기를 통해 어느 정도 내용을 파악할 수 있다. 그러나 글은 정확하고 논리적으로 표현하지 않으면 제대로 된 커뮤니케이션을 할 수 없다.

글로는 상대에게 감정 상태나 표정을 보여줄 수 없기 때문에 말로 할 때보다 철저하고 정확해야 한다. 표현된 글만 보고 내용과 의미를 파악해야 하므로 정확하고 논리적이지 않으면 의사 전달을 전혀 할 수 없다. 특히 직장의 모든 일은 문서를 통해 이루어진다고 해도 과언이 아니다.

잘못 작성된 문서는 개인의 문제를 떠나 회사의 존립 문제로까지 비화될 수 있다.

비즈니스 글은 우선 회사 내에서 의사 전달 기능을 한다. 회사 내의 의사 전달 수단은 대화, 표정, 글쓰기 등 다양하지만 이중 글쓰기가 가장 정교하고 정확하다. 특히 상당히 공식적인 의사소통에 해당되는 비즈니스 글은 회사의 사소한 업무는 물론 회사 경영에 핵심이 되는 내용까지도 쓰인다고 할 수 있다.

비즈니스 글은 기록의 성격도 가진다. 말은 한순간에 사라진다. 따로 녹음하지 않는 이상 남지 않는다. 그러나 글은 기록이 기본이다. 특히 비즈니스 글은 회사의 기록물로서 중요한 가치를 지닌다. 회사의 문서는 중요한 일이 발생했을 때 핵심적인 자료가 된다. 그렇기 때문에 특별한 일이 없는 한 보존하는 것이 원칙이다.

비즈니스 글은 자료 제공의 수단으로도 쓰인다. 회사의 문서는 언제나 반복적으로 활용한다. 기존에 사용된 문서는 필요할 때 언제든 다시 참고하게 된다. 과거의 경영 상태나 업무 추진 방향, 또는 문서 작성 방법을 고민할 때는 기존 문서가 참고 자료로 활용된다. 대개 회사의 문서는 특별한 이유가 없는 한 형식을 바꾸지 않는다.

한 번 양식이 결정되면 그 양식을 그대로 답습하는 경향이 많다. 문서를 작성할 때 과거의 유사한 문서를 참고하면 좋은 지침이 되기도 한다. 이렇게 비즈니스 글은 회사의 경영 전반에 관한 기록인 동시에 증거 자료로 활용되는 일이 많다. 그런 만큼 직장인에게는 비즈니스 글쓰기가 상당히 중요하다.

2. 실수는 통하지 않는다

거듭 말하지만, 직장인에게 글쓰기는 개인의 문제를 떠나 회사의 운명을 좌우할 만큼 중요하다. 직장에서 예기치 않은 일이 발생하거나 법적인 문제가 생겼을 때 문서만한 보호 장치도 없다.

그런데 현재 직장인들 가운데 완벽하게 비즈니스 글을 써내는 사람은 의외로 많지 않다. 가장 많이 나타나는 문제는 무슨 내용을 썼는지 파악하기 어렵다는 점이다. 얼핏 보기에는 제대로 된 내용인 것 같지만 정확하게 문장을 분석하고 내용을 이해하려고 하면 의미를 뚜렷하게 파악할 수 없는 경우가 허다하다. 특히 나름대로 글을 잘 쓴다고 자부하는 사람들일수록 의미가 모호한 글을 써내는 경향이 있다. 스스로는 논리적으로 내용을 전개했다고 생각하지만 정작 상대방은 정확한 의미를 이해하기가 쉽지 않다. 그 이유는 대개 문장에 오류가 있거나 핵심적인 내용을 정확하게 도출하지 못했기 때문이다. 글은 무엇보다 핵심적인 내용을 정확하게 드러내는 것이 중요하다. 물론 이때에는 주제를 명확히 살려야 한다. 모든 글에는 주제가 있다. 주제를 제대로 제시하지 못하면 글의 내용을 파악하기 어렵다.

내용의 기술이 지나치게 장황한 경우도 많다. 일반적으로 글쓰기를 할 때 내용을 많이 담아낼수록 자신의 능력을 과시할 수 있다고 생각하는 경향이 있다. 하지만 정확한 내용을 전달하는 데 초점을 맞추지 않고 그저 많은 내용을 담으려고만 하면 좋은 글이 생산될 수 없다. 물론 글의 성격에 따라서는 장황한 설명이 필요할 때도 있다. 그러나 대부분의 글은 핵심 내용을 간략하게 서술하는 것이 중요하다. 특히 비즈니스 글에서 장황한 서술은 불필요하다. 핵심을 최대한 간략하게 작성하는 게 포인트다.

지나치게 어려운 표현을 쓰는 것도 문제다. 일반인들도 마찬가지지만 직장인들도 글을 쓸 때 어려운 표현을 선호하는 경향이 있다. 남들이 잘 알지 못하는 문구를 쓰고 한자어를 그럴듯하게 구사해야 좋은 글이라고 여긴다. 그러나 그것은 착각이다. 좋은 글은 읽었을 때 바로바로 이해할 수 있도록 쉽게 쓴 것이다. 글은 자신의 지적 허영심을 드러내는 매개체가 아니다.

글의 내용이 지나치게 짧은 경우도 비일비재하다. 일부 글은 내용을 쓰다 만 경우도 있다. 하나의 주제에 대해 쓴 듯한데 내용이 뚝 떨어지지 않는 것이다. 독자로 하여금 궁금증을 유발시키는 것은 바람직하지 않다. 게다가 핵심적인 내용보다는 지엽적이고 별로 중요하지 않은 내용만 채우는 경우도 있다.

글을 짧게 쓰는 이유는 일반적으로 글쓰기를 두려워하기 때문이다. 많은 내용을 담고 싶지만 표현이 서툴 뿐만 아니라 글의 자료를 충분히 찾지 않은 상태에서 글을 쓸 때 이런 현상이 나타난다. 이런 문제는 자신의 머릿속에 들어 있는 지식만으로 글을 쓸 때 빚어진다.

표현이 너무 강압적인 것도 문제다. 비즈니스 글이 일반 글과는 달리 조금 딱딱하고 무거운 것은 사실이다. 표현도 일상적인 단어보다는 고어(古語)를 선호한다. 특히 보수적인 기업일수록 그런 경향이 강하다.

글은 독자를 위해 존재한다. 읽는 사람을 배려한 글쓰기를 해야 한다. 독자를 전혀 고려하지 않고 자기만의 스타일, 회사만의 스타일을 고집하는 것은 옳지 않다.

소비자를 고려하지 않은 제품은 시장에서 도태된다. 소비자의 기호나 취향에 맞춰 상품을 디자인하고 내용물을 채워낼 때 비로소 시장의 반응을 기대할 수 있다. 비즈니스 글도 마찬가지다. 일방적으로 의사를 전달하기보다는 읽는 사람의 입장까지 고려해서 글을 써야 한다. 표현이 강압적이면 읽는 사람의 기분도 언짢아질 수 있다. 상대를 배려하지 않은 글은 많은 문제점이 있다.

예를 들어 대금 청구와 관련된 글을 쓴다고 하자.

> 귀사의 미납 대금 5,500만 원과 관련된 서류에 따르면 귀사는 지급 기한을 50일 초과했고 이에 따라 본사에서는 합당한 법적인 조치를 취할 준비를 하고 있습니다. 가능한 한 빨리 본사의 김 이사에게 연락해 해결하기 바랍니다. 만약 해결이 지연될 경우에는 곧바로 법적 조치를 취하겠습니다.

이 글은 표현이 상당히 강압적이다. 아무리 대금 결제가 지연되었어도 최대한 예의를 지켜 정중한 표현을 구사해야 한다. 이런 강압적인 표현은 글쓴이의 감정이 앞선 나머지 빚어지는 현상이다. 하지만 모든 글은 겸손하고 정중하게 표현하는 것이 기본이다. 아무리 화가 나고 불쾌한 일이 있었어도 정중하게 표현하는 것이 상대의 마음을 움직이는 데 효과적이다.

3. 읽히지 않는 글은 무의미하다

글에는 좋은 글과 나쁜 글이 있다. 좋은 글은 담고 있는 내용이 정확할 뿐 아니라 표현과 문장도 매끄럽고 유려하다. 반면에 나쁜 글은 내용의 전달이 어렵고 표현과 문장 사용에서도 문제가 있다. 나쁜 글은 어떤 내용을 어떤 식으로 담아내고자 했는지, 궁극적으로 무슨 말을 하고 싶은 건지도 명확하게 드러나지 않는다.

좋은 글은 내용이 한눈에 파악될 정도로 문장이나 표현의 사용이 정확하고 논리적이다. 좋은 글은 읽는 사람 역시 기분 좋게 만들고 뭔가 배울 점이 있다는 생각을 한다. 글쓰기 능력은 선천적이기보다는 후천적으로 습득된다. 글쓰기가 서툴고 겁이 나도 자꾸 반복해서 쓰고 학습하면 누구나 잘 쓸 수 있다. 좋은 글을 쓰려면 꾸준한 연습과 노력이 필요하다.

그렇다면 좋은 글은 과연 어떤 글인가. 학자마다 견해가 다르지만 일반적으로 좋은 글의 첫째 조건은 독창성이다. 기존의 글과는 뭔가 다르고 새로워야 한다. 글의 독창성은 흔히 소재와 시각, 표현에서 드러난다. 소재의 독창성이란 글의 소재가 새롭고 뭔가 남들과 달라야 한다는 것이다. 시각의 독창성이란 사물을 바라보는 관점이 새로워야 한다는 의미다. 기존과는 다른 시각에서 바라보아야 글의 독창성을 살릴 수 있다. 표현의 독창성은 글의 표현이 새롭고 개성적이어야 한다는 뜻이다. 다른 사람의 표현을 모방하거나 흉내내는 것은 글의 독창성을 해친다. 이 세 가지 중 가장 중요한 것이 소재의 독창성이다. 소재가 독창적이지 않으면 독자의 관심을 끌기 어렵다.

둘째, 충실성이 있어야 한다. 글의 충실성이란 소재와 주제를 분명히 드러내야 한다는 의미다. 주제가 충분히 드러나지 않는 글은 존재 이유가 희박하다. 때때로 주제를 드러내다 만 글을 접할 때가 있다. 글쓴이가 무엇을 주장하고자 했는지, 어떤 메시지를 드러내고자 했는지가 불분명한 것이다. 대개 글의 충실성이 결여된 것이 원인이다.

셋째, 진실성이 담겨야 한다. 글은 과시하기 위해 쓰는 것이 아니다. 글을 쓰는 사람의 진솔함이 담겨 있어야 한다. 자신의 박학함을 과시하기 위해 쓴 글은 좋은 글이 아니다. 어떻게 하면 주제에 충실하면서 진실하게 글을 쓸 수 있는지 고민해야 한다. 진실하지 않은 글은 독자가 먼저 간파한다. 독자는 글쓴이의 태도부터 표현에 이르기까지 어떤 부분이 가식적인지 금방 알아본다. 때문에 글에는 자기 내면의 진실성을 가감 없이 드러내야 한다.

넷째, 정직해야 한다. 글은 솔직하게 표현해야 한다. 글쓴이가 정직하지 않거나 정확하지 않은 것을 정확한 내용인 것처럼 쓴다면 문제가 있다. 글을 쓸 때 다른 사람의 글을 참고하는 경우가 가끔 있다. 이때는 참고한 사실을 밝혀주어야 한다. 다른 사람의 글을 자신의 글인 양, 또는 다른 사람의 견해를 자신의 견해인 양 쓰는 것은 바람직하지 않다. 무엇보다도 정직하지 않은 글은 독자에게도 어필할 수 없다.

비즈니스 글도 일반 글과 크게 다르지 않다. 여기서 특별히 좋은 비즈니스 글이 되기 위한 조건을 몇 가지 살펴보자. 가장 중요한 것은 정확한 내용 전달이다. 비즈니스 글에서 내용만큼 중요한 것은 없다. 내용이 부정확하면 사업상 손실을 입을 수 있고 일을 추진하는 데 장애가 될 수도 있다. 특히 중요한 문건일수록 내용의 정확성이 무엇보다 핵심이다.

둘째, 논리성도 빼놓을 수 없다. 일차적으로 내용상 서로 모순이 없어야 한다. 내용을 중언부언 언급하다 보면 오히려 더 혼란스러워진다. 따라서 비즈니스 글에서는 내용을 논리적으로 전개하는 것이 상당히 중요하다.

셋째는 문장 사용이 간결하고 정확해야 한다. 모든 글의 기본이 되는 문장이 간결하고 정확해야 내용을 정확하게 전달할 수 있다. 늘어지거나 지나치게 서술적이면 정확한 내용을 전달하기가 어렵다. 문장이 간결하고 단어 사용이 명확해야 문장의 의미 전달이 정확하고 나아가서는 글 전체의 내용을 분명하게 드러낼 수 있다.

마지막으로 상대를 설득할 수 있어야 한다. 비즈니스 글의 목적은 독자에게 감동을 주는 것이 아니다. 읽는 사람에게 사실을 명확히 전달하고, 이해시키고, 설득하는 것이 중요하다. 하나의 제품이 있으면 그 제품을 이해시키고 구입하도록 설득하는 것이 비즈니스 글쓰기의 궁극적인 목표다. 설득력이 없는 비즈니스 글은 존재 가치가 없다고 해도 과언이 아니다.

결국 좋은 비즈니스 글은 내용이 정확하고 논리적이어야 하고, 문장 또한 간결해야 하며, 궁극적으로는 상대를 설득할 수 있어야 한다.

4. 훈련보다 좋은 선생은 없다

글쓰기는 훈련에 의해 연마된다. 어느 분야나 비슷하지만 글쓰기 역시 선천적 재능보다 후천적인 노력이 더 중요하다. 물론 문예문의 경우에는 선천적인 소질이 중요할 수 있다. 그러나 생활문이나 비즈니스 글은 후천적인 노력을 통해서 충분히 잘 쓸 수 있다.

이는 직접 글쓰기를 가르치면서 확인한 사실이다. 글쓰기 수업을 듣는 이들은 글쓰기에 관심이 있거나 좋은 글을 쓰고 싶어하는 사람들이다. 처음에는 대체로 글이 신통찮다. 그러다가 수업이 진행되면서 글쓰기의 노하우를 터득하고 실습을 통해 한결 글이 좋아지는 걸 확인할 수 있다. 수업 과정이 막바지에 이르면 일취월장하는 경우도 많다. 심지어 수업을 들은 사람들 가운데는 글쓰기를 직업으로 삼게 된 이도 있다.

글쓰기가 어렵게 느껴지는 이유는 그 방법을 모르기 때문이다. 글이란 단순히 생각나는 대로 적는 것이라고 생각하는 사람들도 많다. 하지만 그것은 사실과 다르다. 하나의 논리를 세워 전개해야 하며 표현에도 신중을 기해야 한다. 그러므로 글쓰기 능력을 향상시키려면 단순한 연습보다는 좀더 체계적이고 집중적인 훈련이 필요하다.

우리는 일상생활을 하면서 수많은 글을 접한다. 글은 단순히 읽는 것보다 글의 구성과 문장과 내용 면에서 어떤지 평가하면서 읽는 것이 글쓰기에 도움이 된다. 그 다음 중요한 것은 글쓰기를 위해 총체적인 인지 활동을 하는 것이다. 주변에서 벌어지는 일이나 사건에 대해 단순하게 반응하기보다는 사건의 근원은 무엇인지, 또는 왜 벌어지게 되었는지 입체적으로 인식하는 게 필요하다.

글쓰기를 잘하려면 책을 많이 읽거나 경험이 많아야 한다. 두 가지를 모두 갖추었다면 아주 이상적이지만 경험이 많지 않다면 독서라도 많이 해야 한다. 반대로 독서할 여유가 없다면 경험이라도 많아야 글을 잘 쓸 수 있다. 이는 풍부한 경험과 폭넓은 사고가 바탕이 되어야 좋은 글을 쓸 수 있다는 의미다.

예를 들어 처음 만난 사람에 대해 묘사하라고 하면 몇 줄밖에 쓰지 못한다. 그 사람에 대해 알고 있는 정보가 많지 않기 때문에 묘사를 하더라도 피상적일 수밖에 없다. 그러나 한 달간 그 사람을 만난 뒤 묘사하라고 하면 엄청난 양의 글을 쓸 수 있다. 그 사람의 성격부터 옷 입는 방식, 태도, 인상, 취미에 이르기까지 상당히 세부적이고 구체적인 묘사가 가능하다. 결국 글쓰기를 잘하려면 총체적인 인지와 체험이 바탕이 되어야 한다는 의미다.

비즈니스 글도 마찬가지로 경험과 인지가 풍부하면 잘 쓸 수 있다. 하나의 주제에 대해 해박한 지식이 있느냐, 없느냐는 글을 쓸 때 그대로 드러난다.

구체적으로 어떤 부분을 훈련해야 하는지 살펴보자. 우선 주제를 효과적으로 제시하는 데 신경 써야 한다. 그러기 위해서는 적합한 제재의 수집이 전제되어야 한다. 비즈니스 글을 쓰다 보면 자신이 전혀 알지 못하는 생소한 분야이거나, 글쓰는 데 참고할 만한 자료가 전혀 없을 것 같은 주제일 경우도 있다. 그러므로 글을 쓰기 전에 먼저 제재를 수집할 필요가 있다. 제재를 수집하지 않으면 단순한 생각이나 망상으로 흘러 글의 깊이가 없고 내용 또한 천박해질 우려가 있다. 그렇다고 아무 제재나 수집해서는 곤란하다. 반드시 글의 주제에 합당해야 한다. 그래야만 충실하고 깊이 있는 글을 쓸 수 있다.

어휘의 선택 또한 중요하다. 아무 단어나 쓰는 게 아니라 어떤 단어가 적합한가를 신중히 판단해 사용해야 한다. 얼마나 적절한 표현을 쓰느냐에 따라 내용 전달 효과도 크게 달라진다. 따라서 좋은 비즈니스 글을 쓰려면 평소 어휘에 관심을 기울일 필요가 있다. 동일한 내용이라도 어휘를 적절하게 고르면 논리적이고 정확하게 의도를 전달할 수 있지만, 어휘 선택이 부적절하거나 의미가 모호한 단어를 사용하면 상대를 설득하기 어렵다. 그러므로 평소에 어떤 어휘가 효과적일지 고민해보는 것이 중요하다.

정당 대변인이 하나의 사건에 대해 발표하는 걸 들어보면 쓰는 표현이 상당히 인상적이다. 몇 마디의 언급에 불과하지만 오랫동안 뇌리에 남고, 탁월한 어휘 선택에 감탄하게 된다. 이들은 말 한마디 한마디에 남달리 신경 쓰고, 어떻게 하면 문제의 본질을 정확하고 명쾌하게 전달할 수 있을까 깊이 고민하기 때문에 가슴에 와닿는 말을 할 수 있는 것이다. 이처럼 평소 언어에 관심을 가지면 비즈니스 글의 질도 높아진다. 언어에 관심을 갖는 것과 갖지 않는 것은 엄청난 차이가 있다.

그리고 어떤 사건이 발생했을 때 나라면 과연 어떻게 표현할까 고민해보는 것도 효과적인 어휘 훈련이 될 수 있다. 물론 막연한 생각보다는 사건의 본질을 꿰뚫 수 있는 핵심적인 생각을 하는 것이 중요하다. 이를 글로 표현할 때는 정확한 단어를 사용하고 있는지, 명확하게 표현하고 있는지 계속 살펴보고 평가할 필요가 있다.

마지막으로 논리적 사고의 훈련이 필요하다. 평소에 사물이나 사건을 면밀히 살피고, 관찰한 내용을 하나의 줄기로 통합하는 습관을 기를 필요가 있다. 아무 생각 없이 지나치기보다는 어떻게 논리적으로 전개할 수 있을까 고민해보는 게 좋다.

5. 기본에 충실해야 한다

회사의 중요한 서류에 해당되는 공문서나 보고서, 제안서 등을 쓰는 비즈니스 라이팅은 일반 글쓰기보다 목적 의식을 비교적 분명히 해야 한다. 사업적인 목적이 강한 만큼 목적을 분명히 인식하고 기본적인 원칙만 제대로 지킨다면 좋은 비즈니스 글을 쓸 수 있다.

비즈니스 라이팅의 기본 원칙은 일반적으로 크게 다섯 가지로 분류할 수 있다. 먼저 글을 읽는 대상을 정확히 파악해야 한다. 비즈니스 글은 읽는 대상이 상당히 제한적이다. 독자가 한 사람일 수 있고 몇몇 소수일 수도 있다. 이때 대상이 누구냐에 따라 글의 표현과 양식이 달라진다. 그러므로 대상이 누구인지 정확히 파악하고 글을 써야 한다.

두 번째, 내용이 정확하게 전달되어야 한다. 아무리 좋은 글이라도 내용을 제대로 전달하지 못하면 아무 소용이 없다. 특히 사업적인 이유로 쓰는 비즈니스 글에서 정확한 내용 전달은 생명과도 같다.

세 번째, 가능한 한 쉽게 써야 한다. 흔히 글을 쓸 때 화려한 미사여구가 들어가야 좋은 글이라고 생각하는 경향이 있지만 좋은 글이란 독자들이 읽기 쉽고 이해하기 쉬운 글이다. 언론 기사를 좋은 글의 사례로 평가하는 이유도 독자들이 읽기 편하고 이해하기 쉽기 때문이다. 비즈니스 글도 마찬가지다. 읽는 사람이 제대로 이해할 수 없는 글은 쓰나마나 한 것이다.

언론에서 기사를 쓸 때 기본이 되는 기사 작성의 3원칙이란 것이 있다. 정확성과 명확성, 간결성이다. 정확성은 사실을 정확하게 기술하는 것을 말하고 명확성은 단어나 문장을 구사할 때 모호한 표현을 쓰지 말라는 것이다. 그리고 간결성은 문장을 최대한 짧게 구성하라는 의미다. 비즈니스 글을 쓸 때도 기사 작성의 3원칙을 준수하면 훨씬 좋은 글을 생산할 수 있다.

네 번째, 격식을 제대로 갖춰야 한다. 비즈니스 글은 어떤 글보다 격식을 중요시한다. 일반 글은 자유로운 형식에 따라 자유롭게 쓸 수 있지만 비즈니스 글은 형식에 제한이 있다. 비즈니스 글에서 격식을 중요시하는 것은 읽는 사람으로 하여금 보기 쉽고 읽기 편하게 하기 위해서다.

다섯 번째, 최대한 완벽해야 한다. 비즈니스 글은 혼자 작성하고 혼자 마무리한다. 일반 글은 완성되기까지 다른 사람에 의해 적어도 한두 번의 수정 과정을 거친다. 신문기사도 취재기자가 원고를 작성하면 교열기자가 다시 손을 본다. 단어나 문장 표현에 오류가 있을 때는 이 단계에서 수정을 한다. 그러나 비즈니스 글에는 그런 시스템이 없다. 본인이 작성한 글은 곧바로 상사에게 넘겨지고 그 즉시 평가가 내려진다. 그런 만큼 비즈니스 글은 본인이 글을 쓰는 동안 직접 고치고 다듬는 일을 반복하면서 완벽함을 기해야 한다. 기본적으로는 맞춤법이나 띄어쓰기, 표현과 규격을 확인해야 한다. 그래야만 상사에게 좋은 평가를 받고 능력도 인정받을 수 있다.

　마지막으로 정해진 시간에 글을 완성해야 한다. 비즈니스 글은 집에서 한가한 시간을 선택해 글을 쓰는 것이 아니라 업무 중에 어떻게든 마무리를 지어야 한다. 아무리 야밤에 글이 더 잘 써진다고 해도 소용없다. 물론 시간적인 여유가 있어 집에서 쓸 수야 있겠지만 비즈니스 글은 업무 시간에 작성하는 것이 원칙이다.

2장 비즈니스 글의 생산 과정

1. 글감 기획

비즈니스 글은 요령만 제대로 알면 비교적 쉽게 생산할 수 있다. 글쓰기 과정은 비즈니스 글이 일반 글에 비해 다소 엄격한 부분이 있기는 하지만 대체로 비슷하다. 글의 생산 과정은 흔히 크게 4단계로 나눈다. 첫째는 글감 기획 단계이고 둘째는 자료 수집 단계, 셋째는 글쓰기 단계, 마지막은 글 다듬기(글 고치기) 단계다.

먼저 글감 기획은 소재를 찾아내어 주제를 정하고 주제를 다시 문장으로 만드는 과정을 의미한다. 기획 단계에서 기본적으로 글의 좋고 나쁨이 판가름 난다. 좋은 글은 독창성을 지녀야 한다. 글의 소재를 찾아내는 기획 단계에서부터 독창적이지 않으면 결과물도 좋은 글이 될 수 없다.

물론 비즈니스 글쓰기의 기획 단계는 다른 글에 비해 중요하지 않을 수 있다. 글의 소재가 윗선에서 정해지는 경우가 많기 때문이다. 하지만 윗선에서 정해지지 않을 경우에는 쓰는 사람이 직접 소재를 찾아내야 한다. 특히 직장에서 업무상 기획을 할 때는 직접 글감을 찾아야 하는 일이 다반사다.

1) 글감 찾기

글감 찾기는 글의 내용이 되는 재료를 찾아내는 일이다.

글감 찾기는 일상에서 출발해야 한다. 비즈니스 글을 잘 쓰려면 평소에 회사 업무를 보면서 글감이 될 만한 것을 생각해보는 습관을 들이는 것이 좋다. 막연히 주어진 일만 하고 끝내는 게 아니라, 개선 방향이나 건의 내용에 대해 곰곰이 생각해보는 것이 좋다. 최근에 일부 회사에서는 아이디어함을 설치해 운영하고 있다. 하루가 다르게 업무 환경이 바뀌고 주변 환경이 달라지는 만큼 일상 업무를 볼 때도 구태의연해서는 안 된다. 세상의 변화에 적응하지 못하면 직장생활도 어려워진다. 업무를 보면서 꾸준히 건의할 사항이나 개선되어야 할 부분을 메모하는 것이 글감을 찾아내는 데 효과적이다.

단순히 생각이 떠오르는 대로 메모만 해선 안 된다. 전체 상황을 정확히 분석하고 과연 궁극적인 해결책이 무엇인지 판단을 내려야 한다. 그러고 난 뒤 최종적인 결론을 끌어내는 것이 현명하다. 글감을 찾아내려면 항상 생각을 정리하고 즉시 핵심이 되는 키워드를 메모해야 한다. 메모를 하지 않을 경우 시간이 흐르면 잊어버리기 일쑤다. 직장일은 일상생활처럼 만만하지 않다. 업무에 찌들어 생각하는 시간이 많지 않고 처리해야 할 일이 쌓이다 보면 순간적인 아이디어도 기억하지 못하게 된다. 그러므로 메모하는 습관을 갖는 것도 성공적인 직장생활을 위한 방법이다.

　글감을 확정할 때는 주제까지 고려하는 것이 좋다. 아무리 좋은 글감이라도 시의적으로 맞지 않거나 주제로 잡을 만한 내용이 없다면 소용이 없다. 글감으로는 매력적인데, 그것이 과연 상사나 직장 동료에게 어필할 수 있을지 판단하기 어려울 때는 그들의 시각에서 바라보면 어느 정도 결론을 내릴 수 있다. 그렇게 해서 관심을 끌 만하거나 유용하다고 판단되면 글감으로 채택해도 무방하다. 반면에 정반대의 결론이 나올 때는 당연히 다른 글감으로 눈길을 돌려야 한다. 다른 모든 글과 마찬가지로 비즈니스 글의 글감도 자기만족의 기준으로 선택해서는 곤란하다.

　글을 매일 생산하는 언론사에서는 취재에 앞서 기획 회의를 한다. 일반 회사의 업무 회의에 해당하는 것으로 기사 아이디어를 끄집어내는 회의다. 일선 기자들은 평소 주변에서 수집한 정보를 제공하고, 데스크가 기사가 될 만한 아이템을 선별한다. 선택되지 않은 아이템은 사장된다. 그리고 다음날이나 며칠 뒤, 또는 일주일 뒤 동일한 형식의 기획 회의를 갖는다. 그래서 기자들의 업무란 기사 아이템을 만들어내고 취재하고 기사를 작성하는 일의 연속이라고 할 수 있다.

　기자가 기사 아이템을 정할 때 흔히 준비, 발상, 검증의 3단계를 거친다. 비즈니스 글의 경우에도 이 3단계를 거치는 것이 바람직하다. 먼저 준비 단계는 기삿거리를 찾기 위해 준비하는 과정이다. 예를 들면 글감을 찾기 위해 신문 등 미디어 자료를 뒤지거나 보도자료를 검토하는 것이다. 발상 단계는 자료 검토 후에 아이디어를 끄집어내는 과정이다. 아무리 많은 자료를 검토했어도 아이디어로 끄집어낼 수 없다면 소용이 없다. 이 단계에서는 아이디어를 직접 문장으로 표현하고 기사 형태로 적는다. 그 다음 검증 단계에서는 기사가 미디어에 실릴 경우 과연 독자들이 관심을 보일 것인지, 또는 정보로서 가치가 있을지를 판단하게 된다. 그러므로 검증 단계에서는 기자가 아닌 독자의 입장에서 글감의 아이디어를 평가해야 한다. 그저 그렇다는 생각이 들면 아쉬워도 아예 채택하지 않는 것이 상책이다.

그리고 최종적으로 글감이 시의 적절한지, 상사나 동료들의 관심을 끌 만한 주제인지 판단한 뒤 결정을 내리면 비교적 무난한 편이다.

2) 주제 잡기

주제는 글의 중심 사상, 또는 핵심 내용을 의미한다. 무언가에 대해 쓴다고 할 때 그 무언가가 바로 주제가 된다.

모든 글에는 주제가 있다. 주제가 없는 글은 단팥 없는 호빵이다. 주제가 명확하지 않으면 좋은 글이 나올 수 없다. 그만큼 글을 쓸 때 주제 잡기가 중요하다. 시작이 반이라는 말처럼 주제를 잘 잡으면 글쓰기의 절반 정도는 성공했다고 해도 과언이 아니다. 어떤 주제로 어떻게 썼는지 또한 글을 평가하는 핵심이 된다. 글의 주제가 명확해야 좋은 평가를 받을 수 있다. 비즈니스 글도 예외는 아니다.

주제 잡기는 한마디로 글감에서 얻어낸 아이디어를 정리하는 과정이다. 그런데 모든 글감이 글의 주제가 되는 것은 아니다. 글감 가운데는 글로 쓸 만한 가치가 있는 것이 있는가 하면 그렇지 못한 것도 있다. 글감으로는 훌륭한데 주제를 잡기에는 마땅치 않은 것도 있다. 아무리 참신하고 독창적인 글감이라도 주제를 잡아 글로 쓰고자 할 때 내용이 풍부하지 않거나 표현하기 힘들면 도로 아미타불이다.

글을 쓸 때는 일차적으로 글감이 참신하고 독창적이어야 한다. 하지만 주제에서 참신성과 독창성을 살리지 못한다면 글감으로서의 가치는 반감된다. 그리고 실제로 글을 쓸 때에는 글감보다는 주제가 핵심이 된다.

주제는 글감을 구체적이고 확실하게 요리하는 일차적인 관문이라고 생각해도 무방하다. 하나의 글감에는 주제가 무궁무진하다. 하나의 글감을 다양한 각도에서 바라볼 수 있고 새로운 관점에서 접근할 수도 있다. 특히 글감이 포괄적이거나 중요도가 높을수록 다양한 주제를 만들어낼 수 있다. 그런 점에서 글감을 찾아내는 일도 중요하지만 주제 잡기는 그보다 더 중요하다.

비즈니스 글에서도 주제는 상당히 중요하다. 비즈니스 글은 일반 글에 비해 글감이 제한적이다. 제한적인 글감에서 주제를 잡는 것은 더욱 제한적이다. 대략 주제를 잡는다고 해서 쓸 수 있는 것도 아니다. 특히 비즈니스 글에서는 업무와 얼마나 직결되느냐가 관건이다. 회사의 업무를 중심에 두어야 하고 업무 개발에 보탬이 되어야 한다.

일반 글의 주제를 정할 때 제일 중요한 것은 시의성이다. 즉 시기적으로 얼마나 적절한가이다. 예를 들어 한여름에 겨울과 관련된 주제는 부적절하다. 여름이면 여름이란 시기에 적합한 주제와 내용을 전개해야 한다. 비즈니스 글의 주제를 선정할 때도 이 부분이 상당히 중요하다. 시의 적절한 주제인가부터 판단해야 한다.

둘째는 흥미성이다. 아무리 글감이 좋아도 주제가 지루하면 독자에게 외면당할 수밖에 없다. 흥미성은 독자의 관심과 직결된다. 독자들이 궁금해 하지 않는 주제는 아무리 좋은 글도 독자들의 눈을 사로잡을 수 없다. 비즈니스 글도 마찬가지다. 주제가 흥미롭지 않으면 독자의 관심을 유도하기 어렵다.

셋째는 적합성이다. 글의 주제는 다양하지만 비즈니스 글이라면 회사 업무와 관련해서 적합한 주제인지를 따져보아야 한다. 회사의 업무와 연관이 없는 주제라면 비즈니스 글로서 가치가 없다.

넷째는 제한적이어야 한다. 주제가 너무 포괄적이면 어디에 중심을 두고 글을 전개해야 할지 막연해진다. 그렇기 때문에 주제는 제한적일수록 좋다. 예를 들어 컴퓨터에 관한 글을 쓴다고 하자. 글의 주제를 '컴퓨터에 대하여'라고 하면 상당히 포괄적이다. 컴퓨터에는 본체가 있고 모니터가 있다. 프린터, 키보드, 모뎀과 프로그램도 있다. 이 모든 것을 뭉뚱그려서 쓰다 보면 글의 통일성이 떨어지고, 무슨 내용인지, 주제가 무엇인지조차 분간이 안 된다. 그러나 '프린터기의 기능에 대해서'란 주제로 글을 쓸 때는 상황이 달라진다. 글의 내용이 상당히 구체적이고 통일성도 갖추게 된다. 글을 쓸 때도 프린터의 기능에 중심을 맞춰 전개하면 훨씬 쉬워진다. 어떤 내용을 담아낼지 고민하지 않아도 된다. 그러므로 주제는 되도록 세부적이고 구체적으로 정하는 것이 바람직하다.

다섯째는 쉬워야 한다. 쉬울수록 좋은 주제이다. 쉬운 주제란 글쓰는 이가 잘 알고 있는 것을 선택해야 한다는 뜻으로, 주제를 요리할 수 있다는 말과 일맥상통한다. 글쓰는 사람의 능력 밖의 주제일 때는 좋은 글을 생산하기 어렵다. 글을 쓰는 이가 주제를 완전히 꿰뚫고 있을 때 좋은 글이 생산되고, 내용도 전개하기기 쉬워진다.

주제 정하기는 맨 먼저 소재의 발굴에서 시작된다. 소재가 좋아야 좋은 주제가 탄생한다. 그러나 좋은 글감을 발견했다고 해서 반드시 좋은 주제를 잡을 수 있는 것은 아니다. 때로는 글감과는 관련이 없는 엉뚱한 주제를 잡게 되는 경우도 있다. 좋은 주제 잡기는 어느 정도 훈련에 의해 가능하다. 좋은 주제를 잡으려면 먼저 글감에서 메시지를 끌어내야 한다.

메시지를 끌어낼 때는 연상 훈련을 해보는 것이 좋다. 회사에서 직무 교육을 할 때 아이디어를 창출하기 위해 행하는 브레인스토밍 기법도 연상 훈련의 좋은 도구가 된다. 하나의 글감에 대해 가능한 모든 메시지를 적어보는 것이다. 이때 중요한 것은 머릿속에 떠오르는 모든 메시지를 적는 것이다. 질보다 양이 중요하다. 대안 없는 비판이 아닌 결함의 개선이 전제되어야 한다.

키워드를 구조화하는 방법도 효과적이다. 키워드 구조화란 글을 쓸 소재의 키워드를 끄집어내어 그것을 서로 연결하고 분석해서 주제를 잡는 방법이다. 예를 들어 회사의 구조개혁에 대한 글을 쓴다고 하자. 먼저 업무 혁신, 업무 강도, 부서 통폐합, 아웃소싱, 업무 확대, 조직 슬림화, 직제 개편, 팀별 운영 등의 키워드를 끄집어낸 다음 키워드 간 분석을 통해 주제를 잡는다. 키워드 구조화는 포괄적이고 핵심적인 내용의 글을 쓸 때 흔히 사용한다.

마지막으로 마인드맵을 이용하는 방법도 있다. 마인드맵은 주제의 키워드에서 연상의 키워드로 확장하여 연결하는 것으로 브레인스토밍법과 키워드 구조화의 절충적인 형식이다.

2. 자료 수집

자료 수집은 말 그대로 글을 쓰는 데 필요한 자료를 수집하는 것을 의미한다. 글을 쓸 때 주제가 정해지면 그에 맞는 자료를 수집해야 한다. 전문적이거나 중요한 문건일수록 다양한 자료를 수집하고 읽고 해독해야 완벽한 글을 쓸 수 있다. 직장에서 자주 쓰는 보고서나 설명서는 머릿속에 들어 있는 지식만으로는 작성이 불가능하다. 자신이 알고 있는 지식이 피상적이거나 정확하지 않을 수 있다. 특히 자료 수집 없이 쓰게 되면 글의 깊이가 없고 부정확한 내용을 전개할 우려가 크다.

자료 수집은 무엇보다 글을 잘 쓰기 위한 필수 작업이다. 자료 수집의 기본 목적은 쓰고자 하는 글과 관련된 정보를 얻는 것이다. 자료 수집은 글의 내용을 정확하게 이해하고 충실하게 하는 데 핵심적인 구실을 할 뿐만 아니라 효율적인 글쓰기에도 큰 도움이 된다. 글을 쓰다 보면 구성이나 내용 전개에 대해 고민해야 하는 경우가 많다. 이때 좋은 자료가 있으면 글을 구성하고 담아낼 내용을 생각하는 데 훌륭한 지침이 된다. 그런 점에서 자료 수집은 좋은 글의 생산과 직결된다고 할 수 있다.

자료 수집도 간단한 일은 아니다. 무턱대고 수집하다가는 글쓰기에 방해가 될 수도 있고, 좋은 자료다 싶어 수집했는데 막상 글을 쓰려면 전혀 도움이 되지 않는 경우도 있다. 아무 생각 없이 지나치게 많은 자료를 수집하면 자료에 짓눌려 제대로 된 글을 생산하기 어렵고, 어떤 자료를 어떻게 활용해야 할지 방향 감각을 잃어버리는 경우도 허다하다.

자료 수집 방법은 개인의 성격에 따라 다르겠지만 먼저 시간과 여건을 고려해 철저한 계획을 세운 후에 수집하는 것이 효과적이다.

일반적으로 비즈니스 글의 자료는 크게 기초자료, 일반자료, 심층자료의 세 가지로 나눈다. 먼저 기초 자료는 비즈니스 글쓰기를 할 때 기본적으로 활용하는 자료로, 회사 내부에서 생산된 것이다. 구체적으로 회사의 회의 기록이나 부서 보고서, 사내 메모, 회사 소개서 등이 해당된다. 일반 자료는 회사 외부의 자료를 의미한다. 대개 언론 자료나 외부 기관, 단체의 자료가 이에 해당된다. 언론 자료로는 신문이나 잡지 기사, 일반 서적, 인터넷 자료 등이 있고, 외부 자료에는 관련 기업이나 단체의 자료가 있다. 심층 자료는 일반 자료보다 깊이 있는 내용을 담고 있는 자료다. 여기서 심층 자료는 문서상의 자료라기보다는 현장성 있는 자료를 말한다. 구체적으로 전문가의 조언이나 사업장, 또는 매장 방문, 고객이나 소비자와의 면담 내용 등 실제적인 자료가 해당된다.

비즈니스 글도 내용에 따라 자료 수집 과정이 달라진다. 간단하게 작성하는 공문서나 기획서는 기초 자료만 수집해도 글쓰기가 가능하다.

그러나 중요한 보고서나 제안서는 기초 자료만으로는 부족하다. 이때는 기초 자료와 일반 자료뿐만 아니라 심층 자료까지 수집해야 한다. 자료 수집은 개별적으로 이루어지기도 하지만 다른 자료들과의 연관선상에서 행해지는 경우도 있다. 예를 들어 심층 자료를 수집하려면 기초 자료나 일반 자료의 내용을 어느 정도 파악하고 있어야 한다. 아무런 준비 없이 심층 자료만을 구하려 하면 쓸데없는 시간 낭비만 하기 십상이다.

비즈니스 글에서 심층 자료를 수집하는 과정은 기자들의 취재 과정과 비슷하다. 기자들은 하나의 사안에 대해 현장 취재를 하기 전에 반드시 기본적인 자료를 검토한다. 기존에 생산된 기사나 관련 자료를 충분히 검토해 취재 방향을 설정하고 질문 항목을 만들어간다. 그렇게 하지 않으면 어떤 내용을 어떤 방향에서 취재해야 할지 막막하고 제대로 취재하기 어렵다. 비즈니스 글의 심층 자료를 모을 때도 기본적인 내용을 파악하지 않으면 핵심적인 자료를 수집하기 어렵다.

자료를 수집할 때 제일 먼저 고려할 점은 어떤 자료가 필요한지 파악하는 것이다. 쓰고자 하는 글에 필요한 자료가 어떤 형태의 어떤 자료인지 분명히 알고 있어야 한다. 예를 들어 보험 상품을 소개하는 글을 쓸 때에는 기존의 자사 상품에 대한 자료는 물론 다른 회사의 유사 상품 자료도 모아야 한다. 그리고 좀더 설득력 있는 글을 쓰려면 여론조사나 시장조사가 수록된 기사를 모으고 관련 업계의 자료도 수집해야 한다. 물론 독자에게 필요한 정보가 무엇인지 판단하는 것도 중요한 문제다.

둘째, 주제와 부합하는 자료를 수집해야 한다. 이 부분은 자료 수집 범위와도 관련이 있다. 반드시 쓰고자 하는 글의 주제와 관련 있는 자료만 수집해야 한다. 비즈니스 글쓰기는 제한된 시간에 효율적으로 자료를 수집해 활용하는 것이 관건이다. 일부에서는 글의 내용을 풍부하게 하기 위해 조금이라도 관련 있는 자료라면 수집할 수도 있다고 주장하지만 설득력이 약하다. 비즈니스 글은 많이 채우는 것보다는 핵심적인 내용을 도출하는 것이 가장 중요하므로 주제와 관련이 없는 자료를 수집할 필요가 없다.

셋째, 내용이 정확한 자료를 수집해야 한다. 아무리 주제와 관련 있는 자료라도 정확성이 떨어진다면 소용이 없다. 자료의 내용이 정확한지 확인하려면 먼저 출처가 분명한지부터 살펴야 한다. 출처가 분명하다면 공신력 있는 기관이나 단체, 또는 회사의 자료인지 확인해야 한다. 공신력이 낮은 기관이나 단체의 자료는 신뢰성도 떨어질 수밖에 없다. 특히 최근에 많이 이용하는 인터넷상의 자료를 수집할 때는 신중에 신중을 기해야 한다. 인터넷에는 수많은 자료들이 있다. 상당히 공신력 있는 기관이나 단체의 자료가 있는가 하면, 개인이 정리해놓은 자료도 적지 않다. 개인이 아무렇게나 정리해놓은 자료를 참신하다는 이유로 무턱대고 사용했다가는 큰코 다치기 십상이다. 그러므로 출처가 분명하며, 가능한 한 공신력 있는 기관이나 단체, 또는 기업체의 자료를 수집하는 게 바람직하다.

넷째, 최신 자료를 우선적으로 수집해야 한다. 오래된 자료를 사용하면 새로운 정보를 전달할 수 없고 내용의 정확성도 떨어진다. 특히 비즈니스 글은 자료의 정확성이 생명인 만큼 가능한 한 최근의 자료를 사용하는 것이 바람직하다.

아무리 좋은 자료를 수집해도 제대로 활용하지 못하면 소용이 없다. 자료는 무엇보다 글의 논리를 뒷받침하는 결정적 재료이다. 자료는 특히 글이 설득력을 갖추는 데 반드시 필요하다. 글이 설득력을 갖추려면 주장을 뒷받침할 수 있는 정보나 근거를 제시해야 한다. 그래서 자료는 하나의 주장을 제시한 다음 그에 대한 근거를 제시하거나 정보를 제공할 때 활용하는 것이 일반적이다. 주장의 근거로 자료를 활용하려면 먼저 그 자료를 꼼꼼하게 검토한 후 완벽하게 소화해야 한다. 그렇지 않으면 제대로 된 글을 쓸 수 없다.

비즈니스 글에서는 수치나 통계, 또는 사례가 자료로 많이 활용된다. 수치나 통계 자료는 글의 객관성을 뒷받침해줄 뿐만 아니라 글의 설득력을 갖추는 데 많이 쓰인다. 사례 또한 글의 내용을 이해하는 데 결정적으로 활용되기도 한다.

자료의 출처는 정확히 밝혀야 한다. 신문 기사나 단행본이라면 기자나 연구자, 날짜, 출처를 명확하게 기입하고, 수치를 들 때도 출처가 어디인지 정확히 밝혀야 글이 설득력을 얻을 수 있다.

3. 글쓰기

글쓰기 과정은 집을 짓는 과정이다. 우리는 집을 지을 때 어떻게 지을 것인가를 고려한다. 이는 글쓰기에서 어떤 글을 어떻게 쓸 것인가와 동일한 맥락이다. 집을 지을 때는 먼저 단층집을 지을지, 2층집을 지을지, 아니면 3층집을 지을 것인지를 구상해야 한다. 그리고 안방과 거실을 어디에 꾸미고 욕실을 어디에 만들 것인가를 결정해야 한다.

글쓰기 과정도 먼저 글의 구상이 전제되어야 한다. 어떤 형태의 글을 쓸 것인가 결정을 내려야 한다. 어떤 글이냐에 따라 구조가 달라진다. 비즈니스 글도 마찬가지다. 비즈니스 레터는 공문서와 글 구조가 다르다. 보고서와 보도자료의 글 구성도 완전히 다르다. 그러므로 어떤 글을 쓸 것인가를 먼저 판단하고 거기에 맞는 구조를 선택해야 한다. 그런 다음 글의 구성에 대해 생각한다. 또 어떤 내용을 어디에 배치하고 나열할 것인가를 판단해야 한다. 글의 구성에 대한 구상이 끝나면 본격적인 글쓰기에 들어간다.

비즈니스 글도 긴 글이든 짧은 글이든 간에 글의 구조와 구성을 먼저 고려해야 한다. 특히 비즈니스 글은 어떤 내용이냐에 따라 구성이 달라지고 표현도 달라진다. 글쓰기를 시작하기 전에 이 부분에 대해 기본적으로 고려하지 않으면 제대로 된 글을 생산하기 어렵다.

물론 단문의 글은 구조나 구성에 대해 심각하게 고려하지 않아도 된다. 구성이 간단하기 때문에 쓰고 난 뒤에 고치면 된다. 그러나 장문의 글이라면 어떤 내용을 어느 부분에 전개할 것인지 미리 정해두어야 하는 것이다. 특히 장문의 글을 아무 생각 없이 쓰다 보면 완벽한 글의 생산이 어렵고, 처음부터 다시 써야 해서 짜증 났던 경험을 누구나 갖고 있을 것이다. 그러므로 전체적인 글의 구성에 대한 윤곽을 잡고 쓰는 것이 좋다.

구성상의 윤곽을 잡을 때는 어떤 내용을 어느 부분에 배치하겠다는 구상을 갖고 있어야 한다. 그리고 완성된 전체 글에 맞춰 내용을 부분적으로 앞뒤로 이동하거나 다른 부분에 배치하면 된다. 내용을 재배치한 다음에는 글의 흐름에 맞춰 문맥이나 표현을 자연스럽게 다듬으면 완벽한 글을 생산할 수 있다.

단, 단락은 미리 고려하기보다는 쓰고 난 뒤에 생각하는 것이 유용하다. 단락을 어떻게 할 것인가 고민하다 보면 내용을 전개하는 데 어려움을 겪게 되어 핵심적인 내용을 담아내지 못하는 오류도 범하게 된다. 글을 쓸 때 세부적인 부분에 지나치게 신경을 쓰다가는 오히려 글 쓰는 일을 그르치기도 한다. 따라서 큰 틀에서 글을 먼저 쓰고 난 다음에 내용과 표현을 바로잡는 것이 현명하다.

글을 쓰기 전에 반드시 확인해야 하는 것이 내용과 주제다. 제일 먼저 쓰고자 하는 내용을 완벽하게 소화해야 한다. 쓰는 사람이 내용을 완벽하게 소화하지 못한 글은 독자가 읽어도 무슨 내용인지, 무슨 말을 하고 있는지 이해하기 어렵다. 글을 쓰는 사람이 내용을 완전하게 꿰뚫지 못한 상태에서 쓴 글이 독자들에게 호소력 있게 다가갈 수 없는 것은 당연한 일이다. 내용을 완벽하게 소화하는 것은 글을 요리할 수 있는 능력이 갖추어졌다는 의미다.

또한 말하고자 하는 바가 정해지기 전까지는 글을 써서는 안 된다. 즉 주제를 명확히 하고 글쓰기를 시작해야 한다. 글 속에서 무슨 말을 할 것인지 정하지 못한 상태에서 글을 쓰게 되면 내용이 정확하지 않을 뿐만 아니라 횡설수설하게 된다. 좋은 글은 일목요연하게 전개된 글이다. 내용이 왔다갔다하거나 중복되어서도 안 된다.

또한 좋은 글은 내용의 전개에 일관성이 있어야 한다. 직장인들이 쓴 글을 보다 보면 내용이 전개되다가 어느 사이엔가 시작 부분으로 거슬러 올라가는 경우가 있다. 이처럼 구렁이 담 넘어가듯이 글을 쓰는 것은 곤란하다. 비즈니스 글은 하나의 주제를 완벽하게 소화하고 난 다음에 쓰기 시작하는 것이 효과적이다.

내용의 소화와 주제 선정이라는 전제가 충족된 후에 크게 다음 6가지를 고려하면 좋은 비즈니스 글을 쓸 수 있다.

① 한 번에 완벽하게 쓰겠다는 욕심은 버린다

많은 사람이 글을 쓸 때 처음부터 완벽하게 쓰겠다는 욕심을 부린다. 그러나 한 번에 완벽한 글을 생산하는 것은 쉬운 일이 아니다. 전문적으로 글을 쓰는 사람을 제외하고는 여러 번의 수정 과정을 거쳐야 비로소 글이 완성된다.

② 기둥을 세운다

주제는 글의 핵심 내용으로 글의 기둥이 된다. 주제가 없는 글은 알맹이가 없는 글이다. 주제가 제대로 도출되지 않은 글은 죽은 글이나 다름없다. 그래서 글을 쓸 때에는 반드시 글의 주제를 염두에 둬야 한다. 먼저 주제를 생각하며 전체의 내용을 전개한다. 그리고 난 다음에 수정하거나 내용을 다듬는 것이 효율적이다. 긴 글일수록 이 과정이 중요하다. 짧은 글도 일단 문장과 내용을 전개하고 다듬는 것이 효과적이다. 하나의 글에는 다양한 내용이 들어간다. 하지만 내용은 다양해도 하나의 주제에 초점이 맞춰져야 한다. 그렇지 않으면 횡주제가 여러 개이거나 주제가 없는 글이 되고 만다.

③ 독자의 질문을 의식한다

글을 쓰면서 독자의 질문을 의식한다. 독자가 어떤 점을 궁금해 할까, 또는 독자가 어떤 질문을 할 것인가를 고려하면서 글을 전개해야 한다. 독자의 질문을 의식한다는 것은 독자가 궁금해 하는 점에 초점을 맞추어 글을 쓴다는 의미다.

④ 서두 부분에 신경 쓴다

글에서 제일 중요한 부분이 첫머리이다. 서두를 어떻게 쓰느냐에 따라 글의 성패가 좌우된다. 서두에 이어 더 이상 글을 전개하기가 힘들다면 서두를 바꾸는 것이 현명하다. 더 이상 앞으로 나아가지 못한 채 고집스레 붙잡고 있어봤자 시간만 잡아먹고 제대로 된 글이 나오기도 어렵다. 그래서 일부에서는 글을 쓸 때 서두를 두세 개 정도 잡고 쓰기 시작하라고 조언하기도 한다. 하지만 처음부터 서두를 여럿 잡고 쓸 필요는 없다. 하나의 서두를 쓰고 난 뒤 내용이 더 이상 전개되지 않을 경우에 과감히 서두를 다시 쓰는 것이 낫다.

⑤ 사실과 주장을 구분한다

글은 사실과 의견을 구분해야 한다. 그렇지 않으면 어느 부분이 핵심적인 주장이고, 어느 부분이 사실인지 분간하기가 어렵다. 글을 쓸 때는 사실을 먼저 언급하고 주장을 개진하는 것이 기본이다. 그런 다음 주장을 뒷받침해줄 수 있는 증거를 제시한다.

⑥ 고치기는 나중에 한다

글을 쓸 때 한 문장을 쓴 다음 바로 고치기를 하는 사람들이 있는데, 쓰기와 고치기를 동시에 하는 것은 글의 생산을 지연시킨다. 또 중간에 자주 고치다 보면 글의 흐름이 원만하게 이어지지 않고 끊어지게 된다. 고치는 데만 지나치게 신경 쓴 나머지 논리적인 전개를 망각하는 경우도 있다. 자신이 무엇을 쓰려고 했는지를 놓치기도 한다.

먼저 전체의 윤곽을 써보는 것이 좋다. 그런 다음 세부적인 내용을 채운다. 그렇게 해야 글의 흐름이 자연스럽고 논리적으로도 모순이 없다.

4. 글 다듬기

　　모든 글은 단 한 번의 글쓰기로 생산되지 않는다. 글쓰기가 끝나면 그 글을 다시 다듬고 고쳐야 한다.

　흔히 잘 쓴 글의 표본인 미디어 글도 한 번의 글쓰기로 끝나지 않는다. 특히 긴 미디어 글은 원고의 양이 많을 뿐만 아니라 구성 또한 쉽지 않다. 글 전체의 흐름도 잡기가 어렵다. 그래서 여러 번의 수정과 교정이 필요하고, 글의 구성 자체를 완전히 바꾸는 일도 다반사로 생긴다.

　비즈니스 글도 최종적으로는 상사가 점검하지만 일차적으로 글쓴이가 완벽하게 교정하고 다듬어야 한다. 그러므로 글을 쓸 때는 자신의 손에서 완벽하게 마무리한다는 마음가짐을 가지는 것이 좋다.

　완벽한 글을 생산하기 위해서는 상사에게 제출하기 전에 적어도 세 번은 점검하는 것이 필수다. 글을 쓰는 사람은 자신의 글이 완벽하다고 생각하기 쉽다. 그러나 꼼꼼히 읽어보면 내용이나 표현에서 고쳐야 할 부분이 반드시 있다.

　글을 다듬을 때는 시간적인 여유를 두고 점검할 필요가 있다. 글을 완성한 직후 그 자리에서 세 번 점검하는 것은 아무 의미가 없다. 만약 시간적인 여유가 있다면 글을 완성한 다음 저녁에 한 번, 잠자기 전에 한 번 더 점검한다. 그리고 출근하면서, 또는 출근 후에 다시 한 번 점검하고 제출하는 것이 좋다. 그래야만 글의 흐름이나 문맥상 잘못된 부분이나 표현의 오류를 잡아낼 수 있다.

　글 다듬기는 쓰는 사람의 성격에 따라 다를 수 있지만, 기본 원칙은 거시적인 관점과 미시적인 관점에서 수정하는 것이다. 거시적인 관점에서의 수정은 내용뿐만 아니라 글의 흐름이나 글틀을 수정하는 것이고, 미시적 관점에서의 수정은 글의 표현이나 단어 사용에 대한 세부적인 수정을 뜻한다.

1) 거시적 관점

　글 다듬기의 거시적 관점은 큰 틀에서의 글 다듬기를 의미한다. 글을 다 쓰고 나면 먼저 구성이나 내용을 고쳐야 한다. 좋은 글의 핵심은 글 구성이나 내용에 있다. 글의 구성이나 내용이 부실하거나 정확하지 않으면 아무리 외형적인 포장을 열심히 해도 좋은 글이 될 수 없다. 글은 글쓴이의 사고와 생각, 지식을 드러내는 표현의 장이다. 글이 완성되면 먼저 글의 구성과 내용을 수정하고, 그런 다음 세부적인 사항을 수정하는 것이 순서이다.

　우선 글의 흐름이 자연스러운지 확인한다. 글의 흐름이 원만하지 않거나 부자연스러울 때는 바로잡아야 한다. 글의 흐름이 부자연스러운 이유는 대개 앞뒤 단락이 제대로 연결되지 않았기 때문이다. 이럴 때는 단락의 연결 순서를 바꿔보자. 그리고 어떤 글은 글 중간에서 내용을 다시 서술한 느낌을 주는 경우도 있다. 이것은 전체 내용의 문제라기보다 문장 하나를 잘못 서술해 빚어진 결과다. 글을 다듬을 때 내용의 흐름이 자연스럽지 않다면 앞뒤 문장 또는 단락을 바꿔보거나 서술을 달리하는 것이 바람직하다.

두 번째로 내용의 중복을 확인한다. 글을 쓸 때 자신도 모르게 내용을 중복해 담는 경우가 있다. 앞에서 나온 내용을 뒷부분에서 다시 기술하는 것이다. 내용이 중복되면 정선된 느낌이 들지 않는다. 게다가 비즈니스 글처럼 짧은 글에서 내용이 중복되는 것은 좋지 않다. 중복되는 부분이 있으면 글의 양이 줄더라도 과감히 삭제한다. 내용이든 문장이든 전개가 매끄러워야 한다.

세 번째, 결정적인 자료가 누락되었는지 확인한다. 글을 쓰다 보면 원하는 내용을 모두 넣지 못할 때가 있다. 어느 부분에 넣어야 좋을지 몰라 적당히 끼워넣다 보면 전체 내용의 논리가 깨져버리는 경우도 생긴다. 그러나 중요하고 결정적인 자료는 생략해서는 곤란하다. 내용의 전개에 반드시 필요한 자료라면 글의 구성을 바꾸더라도 첨가하는 것이 좋다. 예를 들어 장소에 대한 정확한 언급이 없는 초청장은 당연히 초청장의 구실을 제대로 할 수 없다. 이때는 반드시 장소를 언급해줘야 한다. 특히 보고서나 보도자료인 경우에는 중요한 자료가 누락되지 않았는지 거듭 확인할 필요가 있다.

네 번째, 부가적인 설명이나 내용이 필요한지 확인한다. 글은 내용 서술이 완벽해야 한다. 그런데 어떤 글을 보면 설명이 더 필요한데도 불구하고 생략한 경우가 있다. 특히 설명서에서 추가적인 설명을 생략하는 것은 큰 실수이다. 제품에 대한 정확한 설명이 부족해 소비자가 번거롭게 구입처에 문의하게 해서는 안 된다. 부가 설명이 필요한지 여부는 독자의 입장에서 판단해야 한다. 글 쓰는 사람의 자체적인 판단에 따라 더 이상의 설명이 필요 없다고 단정하는 것은 곤란하다. 독자에게 정확한 메시지를 전달하기 힘들다면 부가적인 설명이나 내용을 담을 필요가 있다. 물론 이것은 내용의 중복과는 다른 문제다. 내용의 중복은 쓸데없는 군더더기지만 추가적인 설명은 실속 있는 정보가 된다.

다섯 번째, 의견이나 주장이 설득력을 갖췄는지 확인한다. 단순한 사실을 전달할 때는 주장이나 의견이 필요 없지만 상황을 판단하고 아이디어를 전달할 때는 반드시 주장이나 의견이 개진된다. 그러나 주장이 설득력이 없으면 독자들에게 개인의 아집이나 억지 주장으로 비칠 수 있다. 무엇보다 글은 설득력이 있어야 한다. 의견이나 주장이 설득력을 갖추려면 관련 자료나 논리를 뒷받침할 내용을 전개할 필요가 있다.

여섯 번째, 글의 핵심을 제대로 짚었는지 확인한다. 내용이 아무리 좋아도 핵심을 서술하지 않으면 알맹이 없는 글에 불과하다. 비즈니스 글은 특히 분명한 메시지가 담겨 있어야 한다. 메시지가 분명하게 드러나지 않는 이유는 어떤 내용을 쓰고자 했는지 방향을 잃어버렸기 때문이다. 따라서 글을 고칠 때 핵심 내용이 무엇인지, 정확하게 서술했는지 반드시 확인해야 한다.

2) 미시적 관점

일차적으로 큰 틀을 수정하고 나면 문장 표현이나 단어 사용 등의 세부적인 다듬기에 들어간다. 글 다듬기의 미시적인 관점은 하나의 건

축물이 완성되고 나서 각 방의 가구나 시설물 배치를 바로잡는 것과 같다.

　미시적 관점에서 글을 다듬을 때는 먼저 내용이 정확한지 확인해야 한다. 비즈니스 글은 정확성이 생명이다. 내용이 정확하지 않은 글은 문제를 일으키게 마련이다. 전화번호나 주소 하나가 잘못 표기되었을 경우에도 적지 않은 문제가 생긴다. 예를 들어 전북 남해군이라고 표현했다고 하자. 그런데 전북에는 남해군이란 군이 없다. 이렇게 되면 독자는 더 이상 그 글을 신뢰하지 않게 된다. 사소한 표현의 오류 하나 때문에 글 전체를 의심하게 된다. 그러므로 기본적인 사실 하나하나의 표현이 정확한지 거듭 확인해야 한다. 특히 이름과 나이, 시간, 장소, 숫자, 전화번호 등의 재확인은 반드시 필요하다.

　다음으로 문장 구성의 핵심 성분인 주어와 서술어가 호응하는지 살펴봐야 한다. 주어와 서술어의 호응 관계가 정확하지 않거나, 하나의 주어가 둘 이상의 서술어와 연결되면 확실한 의미 전달이 힘들어진다. 특히 한국어는 주어와 서술어가 떨어져 있기 때문에 이런 실수를 하기 쉽다. 그러므로 더더욱 주의를 기울일 필요가 있다.

　주어와 서술어 다음으로 확인할 사항은 어휘 선택이 정확한가 하는 것이다. 흔히 글을 쓰다 보면 자신도 모르게 구어적인 표현을 쓰는 경향이 많다. 말로 할 때는 몰라도 글로 담아낼 때는 표현이 맞지 않고 어색할 수 있다. 그러므로 글을 쓸 때는 될 수 있는 한 문어적인 표현으로 바꾸는 것이 좋다. 그리고 적재적소에 적절한 어휘를 사용했는지 확인해야 한다. 개인적인 글에서는 어휘 선택이 개성의 표현이 될 수도 있지만 비즈니스 글에서는 정확한 어휘를 골라야 한다. 어휘를 잘못 선택하면 내용이 잘못 전달될 수 있을 뿐만 아니라 논리적으로도 맞지 않는 경우가 생긴다.

　어휘 다음에는 맞춤법과 띄어쓰기가 제대로 지켜졌는지 확인한다. 맞춤법과 띄어쓰기는 글쓰기의 기본이다. 아무리 내용이 좋아도 맞춤법과 띄어쓰기가 엉망이면 좋은 글로 인정받을 수 없다. 정확한 맞춤법을 모를 때는 사전을 이용하는 것이 좋다. 글을 쓸 때 항상 사전을 옆에 두는 습관을 기르는 것도 글쓰기를 잘할 수 있는 한 방법이다.

　마지막으로 번호 매기기가 바르게 되어 있는지 확인한다. 비즈니스 글에서는 항목별로 번호를 매겨 전개하는 것이 일반적이다. 특히 비즈니스 레터나 공문서, 기안서는 번호를 매겨 항목을 정리하는 경우가 많다. 이때 번호가 잘못 매겨지진 않았는지, 상부 항목의 번호가 하부 항목의 번호로 매겨지지는 않았는지, 또는 그 반대의 경우는 없는지 꼼꼼히 체크한다. 번호를 매기는 이유는 무엇보다 정확하고 일목요연하게 내용을 전달하기 위해서다. 그런데 번호를 잘못 매긴다면 비즈니스 글로서의 신뢰도가 떨어진다. 비즈니스 글은 신뢰성이 생명이다.

3장 비즈니스 글쓰기의 전략

1. 비즈니스 글의 구성

모든 글에는 나름의 글틀이 있다. 그 글틀 안에 어떤 내용을 어떤 식으로 담아내느냐에 따라 글의 내용이 살기도 하고 죽기도 한다. 일반적으로 글틀은 독자에게 좀더 합리적이고 효과적으로 내용을 전달하는 방법을 찾는 과정에서 확립된 경우가 대부분이다. 그러므로 글을 쓸 때 기존의 글 구성을 모방하는 것이 시행착오를 줄이는 방법이다.

예를 들어 미디어 글을 보자. 미디어 글은 일반 대중에게 상당히 쉽게 접근하는 글 구성을 취한다. 그런데 미디어 글에도 여러 종류가 있다. 먼저 신문 기사의 글 구성을 살펴보면 스트레이트 기사, 해설 기사, 의견 기사 등 성격에 따라 서로 다른 글 구성 방식을 취한다.

잡지 기사도 마찬가지다. 잡지 기사에는 일상생활의 정보를 담아내는 생활 기사와 인물에 대해 알아보는 인터뷰 기사 외에 르포나 기획 특집 기사 등으로 이루어진다. 글의 구조는 역시 기사의 성격에 따라 달라진다. 기사는 기자들이 만들어낸 글 구조라고 할 수 있다. 기자는 기사를 작성하는 과정에서 독자가 선호하지 않는 글틀은 언제든지 바꾸고 수정한다.

비즈니스 글도 여러 번의 수정을 거쳐 적합한 글 구성을 찾아야 한다. 대개의 비즈니스 글은 일반 글에 비해 글틀이 엄격히 적용된다. 이는 무엇보다 가독성을 우선적으로 고려하기 때문이다. 물론 비즈니스 글은 핵심적인 내용만을 전개하기 때문에 글 구성도 복잡하지 않다. 비즈니스 메모나 레터, 공문서, 기안서 등은 특별한 구성 없이 단순하게 전개된다. 하지만 복잡하고 내용이 긴 비즈니스 글은 일반 글의 구성 형식을 취한다. 특히 보고서나 보도자료는 여타 비즈니스 글과는 달리 글의 구성이 아주 중요하다. 일반적으로 비즈니스 글의 구성은 크게 5가지 형태로 구분된다.

1) 단순 구성

대부분이 짧고 간단하게 서술되는 비즈니스 글은 비교적 단순한 구성을 취한다. 하나의 단락이 하나의 글이 되는 경우도 많이 있다.

비즈니스 글의 단순 구성은 내용에 따라 다르지만 시작, 본문, 마무리 순으로 전개되는 게 일반적이다.

예를 들어 입사 지원의 결과를 통보하는 비즈니스 레터라면 "귀하의 입사가 결정되었습니다. 이번 주 토요일 오전 11시에 본사 회의실에서 예비 소집이 있습니다. 반드시 참석하기 바랍니다"라는 식으로 전개된다. 단순 구성은 주로 비즈니스 메모나 비즈니스 레터, 간단한 보고 등에 쓰인다.

어떤 제안이나 답변을 요구할 때에도 단순 구성을 취한다. 이 경우에는 먼저 제기할 문제에 대해 서술하고 원인을 규명한 다음 해결책을 제시하는 식으로 구성된다. 특히 비즈니스 글은 전체 글이 서술적으로 연결되기보다는 항목별로 구분해 전개되는 일이 많다. 그러므로 단순한 전개로 일관되기 쉽다.

> 지난 8월 주문한 제품이 도착하지 않았습니다. 귀사에서 발송을 제대로 했는지, 아니면 발송 과정에서 문제가 생기지는 않았는지 확인해주기 바랍니다. 만약 제날짜에 발송하지 않았다면 오는 7일까지 도착하도록 조처해 주시기를 부탁드립니다.

예를 들면 위의 경우처럼 하나의 문장이 하나의 글 구성 요소가 된다. 물론 비즈니스 글의 단순 구성에는 문제의 원인과 영향, 제안 순으로 전개되는 경우도 있고, 우선 주의를 끈 다음 관심을 자극함으로써 행동을 이끌어내는 식의 구성도 취한다. 아무튼 단순 구성은 비즈니스 글만의 특징이라고 할 수 있다.

2) 역피라미드형

글을 쓸 때 흔히 서론-본론-결론 형식으로 구성하는 것이 일반적이다. 반면에 역피라미드형 글쓰기는 결론을 먼저 쓰고 본론을 전개하는 형식이다.

역피라미드형은 무엇보다 강조할 내용을 서두에 두기 때문에 설득력이 상당히 강하다. 언론 기사에서 역피라미드형을 많이 사용하는 것도 그런 이유 때문이다. 신문 사회면에 등장하는 사건·사고 기사가 역피라미드형에 해당된다. 사건·사고 기사는 글머리에 핵심적인 내용을 담고, 그런 다음 사건 중요도 순으로 내용을 전개한다. 이런 기사에는 미디어 글에서 중요시하는 육하원칙(5W1H)이 비교적 선명하게 드러난다. 기사의 전체에서 누가, 언제, 어디서, 무엇을, 어떻게, 왜 했는지 정확하게 드러나 있다.

역피라미드형 글은 일반 글의 두괄식과 의미가 같다. 역피라미드형이 미디어 글에서 많이 쓰이는 이유는 뉴스를 정확하고 신속하게 전달하기에 가장 적합하기 때문이다. 이런 기사 형태를 제일 먼저 채택한 곳은 통신사다. 통신사는 일반 신문사보다 뉴스를 빠르게 전달해야 한다. 통신사의 뉴스는 일반인들이 볼 수 없다. 일반 신문사와 계약을 체결해 일정 금액을 받고 뉴스를 제공한다. 따라서 일반 신문사의 기자들은 수시로 통신사의 기사를 열어볼 수 있다. 이때 자신이 취재할 기사가 이미 통신사를 통해 공개된 상태라면 그것을 토대로 보충 취재하거나 다른 시각으로 취재해 기사를 쓰기도 한다.

만약 노무현 대통령과 부시 대통령의 정상회담이 열렸다고 하자. 그러면 통신사는 제일 먼저 "노무현과 부시가 정상회담을 개최했다"라는 문장을 '1보'로 타전한다. 그리고 몇 분이 지난 뒤에는 "두 정상은 신라호텔에서 만나 한미 관계에 대해 논의하기 시작했다. 이날 모임에서는 미국의 국방부 장관과 한국의 국방부 장관 등 10여 명의 인사가 배석한 가운데 한미 간의 국방 문제와 용산 기지 문제를 집중적으로 논의했다"는 내용을 추가해서 '2보'로 타전한다. 그리고 몇 분이 지난 후에는 "이날 양국 정상회담은 앞으로의 장기적인 발전 방안과 전망을 수시로 논

[역피라미드형]

독도 주민 김성도 씨 부부 입도

신병 치료 등을 위해 한 달여 독도를 떠났던 독도 주민 김성도(66. 어업. 울릉읍 독도리 산 20) 씨 부부가 26일 오전 다시 입도했다.

김씨 부부는 지난달 중순 부인 김신열(68) 씨가 허리통증으로 고통을 겪어 치료와 생필품 장만을 위해 울릉도로 나갔다 이날 울릉도-독도 항로의 정기여객선 삼봉호(109t급)를 타고 다시 돌아왔다.

푸른 울릉·독도 가꾸기모임 이예균(58) 회장도 김씨 내외와 함께 배를 탔다.

김씨는 "한 달여 만에 독도에 돌아오니 가슴이 시원해지고 푸른 파도와 하늘이 너무 정겹다"며 "이런 독도를 일본 사람들이 호시탐탐 노리고 있어 정부와 국민들의 적극적인 대응이 필요하다"고 말했다.

김씨 부부는 지난 2월 독도에 새롭게 단장한 서도(西島)의 어업인 숙소에서 생활하고 있다. (연합뉴스 2006. 04. 26)

=> 전형적인 역피라미드형 구조다. 첫 문장에 전체 글의 요약적인 내용을 담아내고, 두 번째 문장에서 부연 설명을 전개한다. 두 번째 문장부터는 중요한 내용에서 덜 중요한 내용 순으로 적고 있다.

의하기로 합의했다"란 내용이 추가되고 정리되어 '상보'로 타전된다. 여기서 '상보'란 상세한 보도라는 뜻으로 통신사의 완전한 기사를 의미한다. 그러면 일반 신문사의 기자가 기사를 참조하거나 추가로 취재를 해서 기사를 작성한다.

통신사의 경우 초를 다투면서 기사를 작성하다 보니 가장 중요한 내용을 먼저 쓰고, 그 후에 본문을 쓰게 된다. 그리고 뒤로 갈수록 덜 중요한 내용을 언급한다.

그런데 최근 들어 역피라미드형에 대한 비판도 없지 않다. 사건을 지나치게 사실 위주로 전달하다 보니 글의 내용이 무미건조하고 딱딱하다는 것이다. 사실만을 간결하게 전달하다 보니 표현에서 개성을 살리지 못하는 경향이 있다. 그런 이유로 새로운 미디어 환경이 도래하고 있는 시대에 사건의 내용에 맞게 글 형태를 변형시킬 필요가 있다는 지적도 있다.

역피라미드형은 미디어 글의 대표적인 형태이지만 비즈니스 글에도 많이 활용된다. 비즈니스 글도 정확한 내용이 한눈에 파악되도록 역피라미드형을 취하는 경우가 많다. 특히 중요한 내용을 전하는 이메일이나 보도자료는 대개 역피라미드형을 취한다. 따라서 신문의 사건, 사고 기사를 응용해 역피라미드형의 글을 익히면 비즈니스 글을 쓰는 데 많은 도움이 된다.

3) 피라미드형

피라미드형은 역피라미드형과 정반대의 글 구성이다. 피라미드형은 미괄식 구성으로 글의 마지막 부분에 핵심적인 내용을 담아낸다. 첫 부분에 서론을 쓰고 마지막 부분에서 결론을 내리기 때문에 피라미드형을 일종의 연대기형이라고도 한다.

피라미드형은 마지막 부분에 중요한 내용을 서술한다. 그렇기 때문에 글 전체를 읽고 나서야 글의 핵심적인 내용을 파악할 수 있다. 이로 인해 글의 매력이 떨어지는 경향도 있고 내용상 밋밋하게 전개되는 경우도 있다. 그러나 피라미드형도 비즈니스 글에서 꽤 활용된다. 특히 장문의 글은 피라미드형을 비교적 많이 선택하는 편이다. 예를 들어 기획서나 보고서는 부분적으로 피라미드형을 취한다.

대표적인 피라미드형의 글은 신문의 사설이다. 사설은 먼저 글 서두에 특정 사안에 대한 구체적인 설명이나 사례를 든다. 그리고 마지막 부분에서 핵심적인 주장이나 의견을 전개한다. 그렇기 때문에 전체의 글을 읽고 난 다음에야 글의 주제를 파악할 수 있다.

일반 글에서도 피라미드형을 취하는 경우가 있다. 대표적인 것이 이력서와 자기소개서다. 이력서는 과거에서 현재에 이르기까지 개인의 학력이나 경력, 특기 사항을 적게 되어 있다. 글로써 자신을 표현하는 자기소개서 역시 마찬가지다. 자기소개서는 제일 먼저 어디에서 태어나 무엇을 했으며, 현재는 무엇을 하고 있는지 밝히고 앞으로의 포부를 밝히는 식으로 내용을 전개한다. 그러다 보니 일반적으로 연대기 순으로 전개된다. 이런 형태의 자기소개서는 과거에 널리 쓰였지만, 읽는 사람의 관심을 끌지 못하기 때문에 최근에는 다른 형태의 자기소개서가 선호되고 있다. 글 첫 부분에 개인의 특징적인 부분을 먼저 서술하고, 그런 다음 태어난 곳과 성장 과정을 나열하는 형식을 취하는 것이다.

피라미드형은 주장을 펴거나 의견을 개진할 때 많이 쓰인다. 또 주로 한 사건의 과거나 미래를 일반 독자에게 알려줄 필요가 있을 때 사용된다. 그러나 피라미드형은 독자의 글 읽기를 유도하는 힘이 약하기 때문에 크게 선호되지는 않는다. 비즈니스 글에서도 부분적으로 활용될 뿐, 점점 비효율적이라는 인식이 늘고 있다.

[피라미드형]

'다빈치 코드' 반대와 표현의 자유

다음달 지구촌에서 동시에 개봉될 예정인 미국 영화 〈다빈치 코드〉를 두고 국내 보수 기독교단체가 반발하고 있다. 한국기독교총연합회는 상영 반대운동의 일환으로 지난주 법원에 영화 상영금지 가처분신청을 냈다. 이들은 가처분신청이 받아들여지지 않으면 영화 안 보기 운동이나 시위 등 물리적인 실력행사도 불사하겠다는 태세다. 박근혜 한나라당 대표도 "법적으로 규제할 방법이 있는지 알아보겠다"고 말해 논란을 가중시켰다.

종교와 관련된 예술작품에 대한 논란과 반발은 기독교계만의 일이 아니다. 불교계나 이슬람계도 숭배와 경배 대상을 풍자하거나 기존의 정통논리와 다르게 다룬 예술작품을 종종 봉쇄하거나 막으려고 노력했다. 임권택 감독의 영화 〈비구니〉가 불발된 것이나 마호메트 만화가 세계 무슬림의 격렬한 시위를 불러일으켰던 것들은 표현의 자유와 종교가 충돌한 사례다.

표현의 자유와 종교인의 명예감(신성모독) 가운데 어느 쪽이 더 중요한지는 법원이 판단할 문제다. 다만, 영화 상영금지 등 예술작품을 대하는 종교계의 강경태도는 창작과 표현의 자유라는 측면에서뿐 아니라 종교의 덕목인 사랑과 관용 정신에도 어긋난다. 종교계의 성숙한 태도가 아쉽다.

소설 『다빈치 코드』가 일반인의 관심을 끌었던 까닭은 재미도 있지만, 예수 그리스도가 막달라 마리아와 결혼했다는 내용, 곧 정통 기독교계에서 부정하는 이단설을 소재로 삼은 것보다는 기독교 내부의 오래된 여성차별 문제를 정면으로 제기한 데도 있다. 우리나라에서 가장 오래된 교회연합단체인 한국기독교교회협의회는 "〈다빈치 코드〉를 픽션으로 받아들이고 상상력과 표현의 자유 영역에 대해 자신감 있는 포용을 보이는 것이 더 교회다운 일"이라고 했다. 이런 태도가 더 돋보이지 않는가. (한겨레신문 2006.04.10)

=> 대표적인 피라미드 형태인 신문 사설이다. 앞부분에 도입 내용을 서술한 다음, 본론과 더불어 마지막 의견을 제시한다. 피라미드형은 주장을 펼칠 때 자주 사용된다.

4) 혼합형

혼합형은 역피라미드형과 피라미드형의 혼합 형태를 말한다. 이는 역피라미드형의 첫 부분과 피라미드형의 중간 이하 부분을 합쳐놓은 것이다. 먼저 앞부분에 전체 내용을 요약하는 주요 내용을 쓴다. 그런 다음 덜 중요한 내용에서 점점 중요한 내용으로 나아간다. 혼합형은 특히 단문보다는 장문의 글에서 많이 활용되고 있다. 미디어에서도 신문보다는 잡지에서 더 많이 쓰인다. 글의 양이 많은 잡지는 독자의 관심을 자극하는 글 형태가 필요하다. 글의 양이 많고 내용이 장황하면 독자의 관심을 끌기가 쉽지 않다. 이때 혼합형을 쓰면 독자의 관심과 이목을 끌기에 충분하다.

대표적인 혼합형 글이 신문이나 잡지에서 흔히 접하는 인터뷰 기사다. 인터뷰 기사를 보면 독자의 관심을 끌 만한 핵심적인 내용으로 서두를 장식한 다음에 비중이 낮은 내용부터 시작하거나, 연대기 순으로 써 나간다. 그리고 마지막 부분에서 미래 지향적인 말로 끝을 맺는다. 이력을 전개할 때는 과거부터 시작해서 현재로 이어진다. 현재의 이야기는 앞부분의 핵심적인 내용과 연결된다. 그런데 인터뷰 기사에서 이력을 쓰지 않고 현재의 내용만 서술하는 경우도 있다. 이때에는 첫 부분에 가장 중요한 내용을 담고 덜 중요한 순서대로 전개한다. 그러면 역피라미드형이 되는 것이다. 그러나 대부분의 인터뷰 기사는 인물의 이력에 관한 내용을 넣어야 하기 때문에 전형적인 혼합형을 취하는 게 일반적이라 할 수 있다.

혼합형의 글은 미디어에서만 선호하는 것은 아니다. 최근에는 대학 논문을 혼합형으로 쓰는 경우도 늘었다. 과거 논문의 형식을 보면 서론

[혼합형]

6남매 美 최고엘리트로 키운 전혜성 여사

"애 키울 때 책상 18개 구해 같이 공부"

"제가 가끔 밤새 글을 쓰다가 새벽 5시에 자식들에게 이메일을 띄우면 금방 답장이 와요. 이미 깨어 있다는 얘기지요."

메일을 띄운 이는 전혜성(77) 여사, 답장을 보낸 쪽은 그의 6남매다. 전 여사는 미국의 빌 클린턴 대통령 시절 인권 차관보를 지낸 고홍주(해럴드 고) 현 예일대 로스쿨 학장의 어머니. 자신도 이화여대 영문과 2학년 때 도미(渡美), 보스턴 대학원에서 사회학·인류학 2개 박사 학위를 땄고, 예일대 교수를 지냈다. 그녀가 자녀 교육을 통해 얻어진 실한 알곡들을 이번 주 '섬기는 부모가 자녀를 큰 사람으로 키운다' 라는 신간에 담았다. '21세기가 요구하는 오센틱 리더로 키우는 7가지 덕목' 이라는 부제를 붙였다.

"'오센틱(authentic)'은 적당한 번역어가 없어요. '각자 나름의 독특한' 이라는 단어지요. '유니크'에 가깝다고 할까. 아이들 개개인의 특성을 살린 리더로 키워야 합니다."

전 여사의 남편은 주미 대사로 근무 중 5·16 쿠데타 이후 미국에 망명한 고(故) 고광림 박사(1989년 작고)다. 두 사람은 6남매를 뒀다. 자녀들은 모두 하버드와 예일을 나와 의사·교수직을 갖고 있는데, 가족이 보유한 박사 학위만 11개다. 예일대 200년 역사상 남매(홍주·경은)가 석좌교수 이상에 임명된 경우도 처음 있는 일이다. 미국 교육부는 이들을 '연구 대상 가족'으로 선정했다.

"저는 '행동이 말보다 낫다' 라는 표현을 참 좋아합니다. 잔소리할 시간에 사소한 실천 하나라도 먼저 행하는 것이지요."

전 여사 부부는 처음부터 집안에 책상 18개를 구해 놓고 애들이 보든 말든 거기서 책을 읽었다. 아이들 방에 각자 하나씩, 지하실에 하나, 집에 놀러 온 친구용 책상까지…. "주변에서 '고 박사네는 지하실에 아이들을 가둬 놓고 강제로 공부시킨다'는 말이 돌기도 했었지요(웃음)." 이 얘기가 그녀의 첫 책인 '엘리트보다는 사람이 되어라'(1996년)에 소개되자 "책보다 책상이 먼저 동이 났다"고 한다.

전 여사는 공부 습관을 들이는 데는 '규칙적 학습'이 열쇠라는, 평범한 경험담을 강조했다. 엄마는 아이들의 나이와 성향에 맞춰 공부 시간과 양을 함께 정했다. 계획에 무리가 없도록 했고, 아이들은 자신이 정한 양을 해낼 수 있었다.

또 하나. 가족은 무슨 일이 있어도 아침 식사를 같이 했다. 아이들은 돌아가며 기도를 올렸다. 매주 금요일 밤은 '가족의 밤'으로 TV를 함께 보며 의견을 나누었고, 토요일 아침 식사 후에도 반드시 가족회의를 열었다. 아이들은 매주 한 명씩 차례대로 토론을 이끌고 회의 주재를 했다. 거창한 얘기를 하는 게 아니라 "쓰레기를 밖에 내놓는 일은 누가 맡을 것인가"처럼 사소한 것이었다.

"홍주(해럴드 고)가 인권 차관보를 하면서 3년 동안 43개국을 돌아다니더군요. '이거 국내용 지도자를 키워선 안 되겠구나' 절감했습니다. 앞으로는 아이들이 '복합적 문화 역량'을 가져야 합니다. 한 가지 이상의 문화 환경에서 살 수 있는 능력을 키워야죠."

현재 한국인은 175개 나라에 700여 만 명이 흩어져 살고 있다. 중국인·유대인·이탈리아인에 이어 세계 네 번째 '디아스포라'(흩어져 사는 것)다. 전 여사는 "한국인처럼 어디에 가서든 잘살 수 있는 민족은 없다"고 믿고 있다.

(조선일보 2006. 04. 26)

=〉 핵심적인 내용을 먼저 서술한 다음, 덜 중요한 내용에서 중요한 내용 순으로 서술하고 있다. 특히 남편의 소개가 시작되는 부분에서 연대기적 또는 피라미드형을 도입하고 있다.

과 본론, 결론의 순서로 전개하는 경우가 많았다. 그러나 이러한 형태의 전개는 독자를 설득하는 데 한계가 있다. 그래서 최근 논문을 쓸 때에도 종종 혼합형 구조를 취하곤 한다. 그것은 무엇보다 글의 시작 부분에서부터 독자의 시선을 끌고 관심을 집중시키려는 의도가 크다. 혼합형은 글의 결론을 도출하는 데 무난한 형태다. 비즈니스 글 또한 혼합 형태를 취하는 일이 적지 않다. 비즈니스 글 가운데 간략한 보고서나 대외적인 기획서를 작성할 때 혼합형을 많이 취한다. 이런 혼합형의 구조는 비즈니스 글 또는 일반 글에도 적용되는 글 구조인 만큼 익혀두면 좋은 글쓰기에 활용할 수 있다.

5) 다이아몬드형

다이아몬드형도 비즈니스 글에서 부분적으로 활용된다. 다이아몬드형은 말 그대로 다이아몬드꼴 혹은 마름모꼴을 취하는 글 구조이며, 국어학에서는 중괄식 글 구조라고 한다. 다이아몬드형은 첫 부분에서 도입에 해당되는 사실을 전달하고 중간에 핵심 내용을 담는다. 그리고 뒷부분에서 부가적인 내용을 적는다.

다이아몬드형은 역피라미드형이나 혼합형보다는 설득력이 떨어지는 구조다. 어떻게 보면 다소 밋밋하고 단순하다. 하지만 하나의 사건에 대한 해결책을 제시하거나 바람직한 지향점을 제시하는 데 적합하다. 그래서 다이아몬드형은 비즈니스 글 가운데 장황한 내용을 적어야 할 때 많이 쓰인다. 특히 연구 현황 보고서나 사업 계획서의 전체적인 구성을 다이아몬드 형태로 한다. 연구 현황 보고서 중에는 첫 부분에 연구 개요와 연구 현황, 연구 내용을 적고 마지막에 앞으로의 연구 전망을 적은 것이 많다. 이때 전체 글 구성이 다이아몬드형이 된다.

예를 들어 건강검진 안내서를 적는다고 해보자. 제일 먼저 건강검진이란, 건강검진의 필요성, 일반검진, 암검진, 검진비용, 검진절차, 검진 시 주의사항의 순으로 전개하면 전체 글의 구성이 다이아몬드형이 된다. 이때 앞부분과 뒷부분은 가운데 핵심 내용을 담기 위한 시작과 끝의 역할을 한다. 다이아몬드형은 특히 비즈니스 글에서는 개요를 잡고 쓰는 글에서 많이 이용된다.

다이아몬드형도 사실 언론기사에서 많이 사용되는 형태이다. 특히 언론기사 가운데 기획기사 또는 특집기사에서 취하는 대표적인 형태이다. 기획기사 또는 특집기사는 일반 기사에 비해 내용이 장황하고 심층적이다. 특히 기획기사는 중요한 사건을 취재해 사회적으로 이슈화하거나 해결책을 모색하는 일이 많다. 이때 대개 다이아몬드형의 구조를 취하면서 장황한 내용을 보다 설득적으로 담아내게 된다.

신문기사의 경우 1면에 흔히 등장하는 기획 특집기사나 세태 르포에 주로 다이아몬드형을 쓴다. 이들 글은 사건에 대한 중요한 내용을 담아낼 뿐만 아니라 해결책까지 모색한다. 그렇기 때문에 역피라미드형이나 피라미드형보다 다이아몬드형을 많이 쓴다.

잡지에서도 다이아몬드형의 구조는 내용상 비중이 큰 기획 특집기사에서 흔히 쓰인다. 기획 특집은 하나의 주제를 잡고 그 주제를 다시 기획한다. 그리고 글을 쓸 때 메인기사와 부기사로 나눠 작성하게 된다. 다이아몬드형은 메인기사를 서술할 때 흔히 사용된다. 잡지의 기획 특집기사는 적어도 4~6쪽 이상의 분량이다. 이 가운데 메인기사가 차지하는 비중은 60퍼센트 이상이다. 핵심 내용을 마지막에 서술하는 피라미드형으로는 효율적으로 전달하기 어렵다. 그렇기 때문에 가운데 부분에 핵심 내용을 적고, 그 앞뒤로 도입과 부가 내용을 적는 방법을 취하는 것이다.

2. 비즈니스 글쓰기의 핵심 포인트

거듭 말하지만 비즈니스 글은 일반 글에 비해 형식적인 면을 상당히 중요시한다. 내용 또한 일목요연하고 간단하게 전개해야 한다. 무엇보다도 비즈니스 글은 의무적인 글인 만큼 정확하고 확실해야 한다.

일부에서는 비즈니스 글을 쓸 때 신문기사 작성의 기본이 되는 육하원칙(5W1H)을 적용하려는 경향이 있다. 그러나 육하원칙을 지키느라 오히려 글의 내용이 이해하기 어려워진다면 아니 씀만 못하다. 아무리 좋은 글쓰기 방법이라도 효율적이지 않으면 소용이 없다. 5W1H를 기준으로 글을 쓰는 것도 한 방법일 뿐이다.

비즈니스 글의 핵심 포인트는 왜 글을 써야 하는지 명확히 파악하는 것이다. 그리고 누구를 위해, 무엇을, 어떻게 써야 하는지 제대로 파악하고 있어야 한다.

1) 왜 쓰는가

비즈니스 글을 쓸 때 일차적으로 왜 쓰는지, 즉 글을 쓰는 목적이 무엇인지 파악하는 것이 중요하다. 비즈니스 글은 분명 상사의 지시, 또는 업무상 필요에 따라 쓴다. 이때 글을 쓰는 이유가 명확해야 그에 맞는 글을 생산할 수 있다.

비즈니스 글을 쓰는 이유는 크게 네 가지다. 첫째는 요청이나 확인을 부탁하는 경우다. 업무를 추진하다 보면 업무 내용에 대한 요청이나 확인을 요구해야 할 때가 있게 마련이다. 부서 내에서 자체적으로 해결되는 사안을 제외하고는 사소한 업무 하나를 추진하더라도 다른 부서는 물론 회사 차원에서 요청해야 하는 일이 많다. 외부 기관이나 단체에 확인을 요구해야 할 사안도 적지 않다. 물론 이때에는 대개 공문서 형식으로 쓴다. 공문서는 공식적인 문서를 의미하는 만큼 일정한 양식과 격식을 갖추고 있다.

둘째는 정보 제공을 위해서다. 회사에서 추진하는 일은 정보를 제공해야 성사되는 경우가 많다. 회사 자체에 대한 정보뿐만 아니라 행사를 개최하거나 제품을 개발했을 때에는 반드시 정보를 제공해야 한다. 그래야만 소비자나 고객이 활용할 수 있다.

일차적으로 회사 자체에 대한 정보를 제공해야 하는 경우가 있다. 회사를 대외적으로 알리거나 우수한 인력을 보유하고 있다는 홍보 차원의 정보 제공이 그것이다. 회사에서 신기술을 개발했다면 회사의 이미지를 높일 수 있는 좋은 기회다. 이때는 대외적으로 정보를 제공하는 것이 관건이다. 정보 제공은 **빠르면 빠를수록** 효과적이다. 회사의 중요한 정보는 회사의 이미지를 좋게 하는 데 직접적인 영향을 줄 뿐만 아니라 회사의 운명을 결정짓기도 한다. 그렇기 때문에 회사 차원에서 대외적으로 신속하게 정보를 알릴 필요가 있다.

정보 제공의 또 다른 유형은 제품이나 서비스에 대해 알리는 것이다. 제품이나 서비스에 대한 정보 제공은 소비자와 직결되는 부분이다. 회사는 소비자나 고객을 떠나서는 존재할 수 없다. 소비자와 고객의 호응이 있어야 지속적으로 회사를 운영할 수 있다. 제품이나 서비스에 관한 정보 제공에는 주로 상품 설명이나 행사 설명이 있다. 예를 들어 신제품을 개발해 시중에 판매할 때는 제품에 대한 상세한 정보를 제공해야 한다. 소비자의 궁금증을 해소시키기 위해 제품에 대해 상세하게 설명하고, 사용 방법에 대해서도 정확한 정보를 제공해야 한다. 행사 소개 정보도 마찬가지다.

셋째는 명령이나 지시를 위해서다. 업무를 추진할 때 관련 부서나 외부 기관, 단체에 명령이나 지시를 내려야 하는 일이 적지 않다. 이때에는 어떤 내용을 어떤 식으로 명령하고 지시할지 분명히 해야 한다. 명령이나 지시는 막연히 요청이나 협조를 구하는 차원의 사안이 아니다. 업무를 효율적으로 추진하려면 꼭 필요한 부분이다.

넷째, 제안이나 기획을 할 때이다. 일을 하다 보면 업무에 대한 제안을 하거나 기획을 해야 할 때가 생긴다. 어떤 업무를 어떻게 혁신적으로 개선할지, 어떤 방향으로 추진할지에 대한 의견을 제시하는 것이다. 특히 회사의 큰 행사나 중요한 업무를 추진할 때는 대부분 제안서나 기획서를 제출한다. 이때도 왜 글을 쓰는지 정확히 파악하고 있어야 제대로 된 글을 생산할 수 있다. 제안이나 기획을 위한 글에는 상당히 깊이 있는 내용을 담아내야 한다. 동시에 종합적인 판단과 예견적인 지식이 필요하다.

이 밖에 약속이나 추천을 하기 위해 비즈니스 글을 쓸 때도 있다. 약속은 소비자나 고객에게 제품의 이용에 관한 정보를 제공할 때, 추천은 개인이 다른 회사에 지원을 하거나 이직을 하고자 할 때 쓰는 것이다. 이처럼 비즈니스 글은 목적에 따라 다양한 전개 방식이 존재하는 만큼 왜 글을 써야 하는지 분명히 해야 한다.

2) 누구를 위해 쓰는가

모든 글에는 독자가 있다. 비즈니스 글도 내용에 따라 다양한 독자가 있다. 회사 내부의 독자인가, 외부의 독자인가, 아니면 일반 독자인가에 따라 글쓰기가 달라진다. 회사 내부의 독자일 경우에는 업무적인 용어나 내용을 누구나 쉽게 이해할 수 있다. 그러나 회사 외부의 독자를 대상으로 하는 경우에는 그들이 이해할 수 있는 내용과 표현을 동원해야 한다.

특히 비즈니스 글을 쓸 때 일차적으로 고려해야 할 것은 독자의 직업이다. 독자의 직업에 따라 글의 내용과 표현을 달리해야 하기 때문이다. 현대사회에는 수많은 직업이 있다. 동일한 직업 분야가 아니면 용어나 표현을 잘 이해하기 힘들 때가 많다. 비즈니스 글은 다양한 직업군의 사람들을 상대로 업무를 진행하고 글을 써야 한다. 그러므로 비즈니스 글을 쓸 때는 직업을 우선적으로 고려해야 한다.

직위 또한 고려해야 할 대상이다. 비즈니스 글은 독자의 직위에 따라 내용과 표현이 달라진다. 물론 비즈니스 글은 특별한 경우를 제외하고는 존칭어를 사용하는 것이 일반적이다. 회사 내부 독자라도 상대가 상사인 경우 존칭어를 사용한다. 하지만 부하 직원이라면 비존칭어를 사용하기도 한다.

직업에 이어 학력도 고려의 대상이다. 사회의 구성원은 다양한 학력을 지니고 있다. 비즈니스 글은 회사 내부든 회사 외부든 학력에 맞추어 전문적인 내용을 담아내거나, 상식적인 내용을 담아내야 한다. 또한 학력에 맞추어 문장의 표현이나 용어를 다르게 할 필요가 있다. 물론 대중적인 용어를 구사하는 것이 가장 바람직하지만 소수의 독자를 대상으로 할 때에는 독자의 학력을 고려하는 것이 현명하다.

비즈니스 글을 쓸 때에는 개인적인 관계도 고려해야 한다. 물론 개인적인 관계라도 공식적인 경우에는 정중한 표현을 쓸 필요가 있다.

3) 무엇을 쓸 것인가

비즈니스 글은 담아내는 내용에 따라 크게 4가지로 나눌 수 있다. 첫째, 사실만을 담아내는 경우다. 특히 회사 업무와 관련해 대내외적으로 무언가를 알리거나 전달할 때에는 사실만 써야 한다. 이 경우에는 가능한 한 객관적으로 서술하고 글의 표현도 담담하게 하는 것이 일반적이다. 그러다 보니 공문 형식의 글이 되는 경우가 많다.

둘째, 설득적인 내용을 담아내는 경우다. 비즈니스 글은 때로 독자를 설득해야 한다. 회사에서 신제품을 개발하거나 신기술을 발명했을 때에는 고객을 설득하는 내용으로 꾸며야 한다. 신제품을 판매할 때 소비자나 고객을 설득하지 못한다면 제품의 구매로 이어지지 않는다. 그리고 신기술을 개발했을 때도 상대방을 확실하게 이해시킬 필요가 있다.

셋째, 상황적인 내용을 담아내는 경우다. 업무 진척 상황이나 어떤 장소에 대한 보고를 할 때 주로 사용된다. 회사의 업무 중에는 빨리 진행되는 업무도 있고 느리게 진행되는 업무도 있다. 업무의 진척 상황은 필요시 상사에게, 또는 회사에 보고를 해야 한다. 그래야 회사 차원에서 전반적인 업무 진행 상황을 체크할 수 있다.

넷째, 해명이나 칭찬의 내용을 담아내는 경우이다. 해명은 주로 회사 업무에 대한 해설적인 설명을 말한다. 소비자, 또는 고객의 문의사항이나 질문사항에 대한 답변이 내용이 된다. 칭찬은 지엽적이긴 하지만 편지나 이메일을 쓸 때 해당된다. 따라서 비즈니스 글을 쓸 때에는 어떤 내용을 쓸 것인가를 정하고 시작하는 것이 효율적인 글쓰기 전략이다.

4) 어떻게 쓸 것인가

글을 어떻게 쓸 것인가의 핵심 포인트는 어떤 내용을 어떤 방식으로 구사하는가이다. 이와 함께 효율적인 글쓰기도 중요하다.

글을 쓰는 이유와 독자, 글의 내용이 정해지고 나면 고민되는 부분이 어떻게 쓸까이다. 글쓰기 방법에서 우선적으로 고려해야 할 것은 컴퓨터로 작업할 것이냐, 손으로 쓸 것이냐이다. 대부분 직장인은 컴퓨터로 글을 작성하지만, 생각이 잘 떠오른다는 이유로 수기를 한 다음 워드프로세서 작업을 하는 사람도 있다. 하지만 모든 직장의 시스템은 전산화 되어 있으므로 가능한 한 처음부터 워드프로세서를 통해 글을 쓰고 다듬는 것이 좋다. 물론 전체 글을 다듬을 때는 프린트를 한 다음 작업하는 것도 효과적이다.

둘째, 글의 양식 채택이다. 비즈니스 글은 내용에 따라 담아내는 양식이 다양하다. 따라서 어떤 양식을 선택할지 먼저 결정해야 한다. 비즈니스 글의 양식은 담는 내용에 따라 부분적으로 결정된다. 좀더 독창적인 양식을 채택할 때에는 독자가 얼마나 효과적으로 내용을 전달받을 수 있는지를 고려해야 한다.

어떤 양식을 사용해야 할지 잘 모를 때에는 기존의 비즈니스 글을 참고하면 도움이 된다. 회사에서는 대부분 비즈니스 글을 보관하거나 책자 형태로 묶어놓는다. 쓰려는 내용과 유사한 형태의 글을 모방하는 것도 하나의 방법이다. 하지만 오래된 양식은 참고하지 않는 게 좋다. 몇 년 전의 글도 요즘 감각에 맞게 다시 써야 하는 경우가 생길 수 있다. 특히 최근엔 인트라넷상에서 비즈니스 글을 쓰고 결재받는 일이 많은 만큼 오래된 비즈니스 글을 참조하는 것은 가급적 자제하는 게 좋다.

셋째, 글의 양이다. 비즈니스 글은 일반 글에 비해 분량이 적은 편이다. 일부 회사에서는 모든 문서를 한 장으로 요약해 전달하는 것(one page one proposal)을 원칙으로 하기도 한다. 하지만 비즈니스 글은 기본적으로 내용에 따라 양이 달라질 수밖에 없다. 동일한 내용이라도 일의 결과가 좋으냐 나쁘냐에 따라 글의 양이 달라지기도 한다. 결과가 좋을 때는 간단할수록 좋다. 반면에 결과가 좋지 않을 때는 간단하게 쓰면 상대에게 실례가 될 수 있다. 이 경우에는 결과가 좋을 때보다 내용을 상세히 담아내야 한다.

넷째, 글 톤의 결정이다. 글은 독자를 위해 존재하는 만큼 독자에 따라 글의 톤을 다르게 해야 한다. 독자가 상사냐 부하 직원이냐에 따라 문장 구사와 내용 표현이 달라지는 게 당연하다. 이는 존칭어를 사용할 것인가, 비존칭어를 사용할 것인가 하는 문제와도 연결된다. 공식적인 관계인가 비공식적인 관계인가에 따라서도 글의 표현이 달라진다.

다섯째, 내용을 먼저 쓸 것인지, 제목을 먼저 뽑을 것인지도 고려해야 한다. 대개는 내용을 먼저 전개하는 것이 바람직하다. 제목은 글이 어느 정도 완성되었을 때 뽑는 것이 적절하다. 그리고 제목은 글을 쓰면서, 또는 교정을 보면서 계속 보완해나가면 된다.

4장 실전! 비즈니스 글쓰기
① 대외적 글쓰기

1. 공문서

공문서는 원래 정부 행정기관에서 대내적, 혹은 대외적 공무를 집행하기 위해 작성하는 문서를 의미한다. 정부 기관이 일반 회사, 또는 단체로부터 접수하는 문서도 공문서다. 일반 회사에서 정부 기관을 상대로 사업을 진행하려고 할 때 작성하는 문서 역시 공문서다. 정부 기관을 상대로 하지 않더라도 다른 회사나 단체에 공문 형식의 글을 보낼 때에도 공문서를 사용한다.

공문서는 비즈니스 레터와는 조금 다르다. 비즈니스 레터는 일반 고객이나 단체에 소식이나 정보를 전달하는 편지 형식의 글이다. 그래서 공문서는 엄격한 규격과 양식에 따라야 하며 생산 절차도 엄격하다. 특히 공문서는 정당한 권리를 가진 사람이 작성해야 하며 최종 결재권자의 결재가 있어야 문서로서의 기능이 성립된다.

일반 회사에서 사용하는 공문서는 크게 두 유형이 있다. 하나는 사외 공문서이고 다른 하나는 사내 공문서다. 사외 공문서는 회사 바깥에 공식적인 정보를 전달하는 형식의 문서를 말하며, 사내 공문서는 회사 안에서 업무를 추진할 때 공식적으로 작성되는 문서를 의미한다. 일반적으로 공문서 하면 사외 공문서를 일컫는 경우가 많다.

공문서를 제대로 작성하려면 정부 기관에서 발행되는 공문서의 격식과 양식을 참조하는 것도 한 방법이다.

공문서는 본문 내용을 항목별로 담아내는 것이 특징이다. 비즈니스 레터는 항목의 구분 없이 일정한 구성 형식에 따라 자연스럽게 내용을 전개하면 되지만 공문서는 항목별로 번호를 매겨야 한다.

공문서는 내용상 크게 서두 부분, 본문 부분, 결어 부분으로 나뉜다. 서두 부분과 결어 부분은 형식적인 요소가 강하고 본문 부분이 문서의 핵심 내용을 이룬다.

공문서의 서두 부분에는 발신 기관 이름과 발신 기관 연락처, 문서 번호와 시행 일자, 수신자가 언급된다. 발신 기관명은 일반적으로 문서의 맨 위쪽에 기술하고, 위치상으로는 글자가 중앙에 자리 잡고 있어야 한다. 또한 발신 기관의 우편번호와 주소, 전화번호, 팩스 번호는 발신 기관명 아랫줄에 기술해야 한다. 이때에는 가운데를 중심으로 양쪽 가장자리에 전개하는 것이 좋다. 주소의 길이가 너무 길 때에는 '도, 시, 군, 면, 리'라는 글자는 생략한다.

문서 번호는 기관 기호와 문서 분류 번호, 문서 등록 번호의 순을 의미하는 약자 또는 약호로 표기하면 된다. 기관 기호는 기관명이나 부서명 전체를 쓰지 않고 두 글자의 약자로 사용한다. 기관명이나 부서명에 아라비아 숫자가 들어갈 때에는 한글로 표기하는 것이 원칙이다. 예를 들어 정부 기관인 경우, '외무부'는 '외무'로 표기하고 '예산처 4국 7

과'는 '사칠'로 표기해야 한다. 일반 회사에서는 회사의 고유 기호를 사용하는 것이 일반적이다. 문서 번호 오른쪽에는 시행 일자를 표기한다. 시행 일자는 문서가 효력이 갖게 되는 날짜이며, 보존 기간에는 1년, 3년, 5년, 10년, 20년, 영구 등의 표기를 해야 한다.

   수신란에는 흔히 '수신' 항목 하나만 사용하는데, '경유'나 '참조'가 추가로 들어가기도 한다. 이때에는 '경유'와 '수신', '참조'의 순으로 전개하면 된다. 수신란의 '경유'에는 문서를 발송하기 전에 거쳐야 하는 문서 열람 부서명을 기술하고, '수신'에는 문서를 받을 기관과 부서명을 언급한다. '참조'에는 문서를 직접 처리할 기관의 최하위 부서를 기재한다. 수신 기관이 두 곳 이상일 때에는 '수신'에 '수신자 참조' 또는 '수신처 참조'라고 적고 결어 부분의 수신처 란에 수신 기관을 쉼표로 구분해 기술하면 된다.

   본문 부분에는 제목과 본문, 첨부 내용을 기술한다. 제목은 서두 부분의 수신자 바로 아래 기술한다. 본문의 내용은 제목 아래 하나의 구획을 설정한 다음 항목별로 적으면 된다. 각 항목은 하나의 서술 문장으로 표현하며, 첫 항목에서는 인사말을 언급하는 것이 원칙이다. '귀사의 무궁한 발전을 기원합니다' 또는 '귀사의 무궁한 번영을 기원합니다'라는 문장을 사용하는 것이 일반적이다. 그리고 두 번째 항목에서는 도입부에 적절한 내용을 적고 마지막에는 요구 사항을 서술하면 된다. 첨부 내용이 있을 때에는 본문이 끝난 다음 줄에 '첨부' 또는 '붙임', '별첨'이라고 쓰고 나서 첨부 문서명이나 제목을 언급한다. 첨부물이 두 가지 이상일 때에는 항목을 1. 2.로 구분해 표시한다.

   본문이 끝났을 때에는 두 칸 띄우고 '끝' 자를 표기한다. 본문이 우측 한계선에서 끝났을 때에는 다음 줄 왼쪽 기본선에서 한 자 띄고, 첨부물이 있을 때에는 첨부물 다음에 두 칸 띄고 '끝' 자를 표시한다. '끝' 자 다음에는 반드시 마침표(.)를 찍는다.

마지막으로 결어 부분에는 발신자명과 수신처를 적는다. 발신자명에는 기관명과 직함을 함께 적어야 한다. 예를 들어 '무역협회 회장 홍길동' 식으로 서술하고, 기관명과 발신자명은 행을 바꾼 다음 쓰는 것이 좋다. 발신자명을 언급한 다음에는 직인을 찍거나 사인을 반드시 해야 한다. 수신처란에는 두 개 이상의 수신 기관이 아니면 언급하지 않는다.

내용을 첨부할 때에는 핵심적인 내용을 중심으로 전개한다. 이때 말로만 서술하기보다는 도표를 활용하는 것도 바람직하다. 지나치게 장황한 내용을 덧붙이면 문서 해독에 어려움을 겪으므로 도표를 활용해 일목요연하게 만든다. 첨부물은 내용에 따라 다르지만 지나치게 양이 많으면 안 된다. 물론 어쩔 수 없는 경우가 있지만 가급적 내용 파악이 쉽도록 해야 결례가 아니다.

공문서는 규격과 양식을 따르되 내용 표기 때 기본 원칙을 잘 지키면 훌륭하게 작성할 수 있다. 내용 표현은 별로 어렵지 않다. 전체 내용을 단락으로 묶어내는 것이 아니라 항목별로 한 문장씩 기술하면 되기 때문이다. 그러나 문장이 짧더라도 논리가 정확하지 않거나 주어와 서술어가 일치하지 않으면 안 된다. 항목의 내용은 핵심적으로 표현할 사안을 결정한 뒤 전개하는 것이 좋다. 그리고 본문의 내용은 첫 항목에서는 인사말을 넣고 그 다음 항목에서는 핵심적인 내용을 중요한 순서대로 전개한다. 문장을 표현할 때에는 공문서를 딱딱하고 격식을 완벽하게 갖춘 글로 여겨 고사성어나 한자 용어를 남용하는 것은 바람직하지 않다. 딱딱하고 격식을 갖춘 문서일수록 부드럽게 내용을 전개하는 것이 적절하다. 모든 글이 그렇듯이 잘난 체하는 부분을 드러내서도 안 된다. 메시지가 얼마나 정확하게 전달되느냐가 중요하다. 은어나 유행어도 절대 사용해서는 안 된다.

공문서의 규격은 A4용지를 기준으로 한다. A4용지를 사용할 때에는 상단은 3센티미터, 하단은 1.5센티미터, 좌 2센티미터, 우 1.5센티미터씩 여백을 두는 것이 원칙이다. 상단의 3센티미터 아래서부터 발신 기관명을 기술하되 발신 기관명의 글자 크기는 20~22포인트로 잡는 것이 적당하다. 주소와 우편번호, 전화번호는 9~10포인트로 잡고 본문은 11포인트로 잡는 것이 일반적이다. 단지 제목은 눈에 확 띄는 게 좋으므로 글자체를 달리한다. 본문 내용에서도 강조할 부분이 있으면 부분 고딕으로 글자체를 바꿔주는 것이 좋다. 마지막 부분에 거론되는 발신자명도 서두 부분의 발신 기관명과 동일하게 20~22포인트로 잡는 것이 무난하다. 사내 공문서의 경우에도 용지 규격이나 글자 크기는 동일하다.

본문에서 날짜를 언급할 때에는 연, 월, 일을 사용하거나 숫자 표기를 해도 무방하다. 단 연월일을 사용하든 숫자로 표기하든 통일시켜야 한다. 예를 들어 2005년 7월 1일 또는 2005. 07. 01로 해야 한다. 시각 표기도 24시간제로 표기하며 시와 분은 생략한다. 예를 들어 오전 9시와 오후 5시 또는 09:00과 17:00으로 표기한다. 금액은 아라비아 숫자로 표기하고 괄호 안에 한글로 표기하는 것이 원칙이다. 본문의 항목을 구분할 때는 첫째 항목은 1, 2, 3, 둘째 항목은 가, 나, 다, 셋째 항목은 (1), (2), (3), 넷째 항목은 (가), (나), (다), 다섯째 항목은 1), 2), 3)의 순으로 전개하면 된다.

공문서 작성시 주의사항

① 5W1H에 입각해 작성한다

공문서는 일반 비즈니스 글과 달리 5W1H에 입각해 서술하는 것이 바람직하다. 공문서는 회사 외부로 전달되는 비즈니스 글인 만큼 5W1H가 비교적 선명하게 드러나야 한다. 예를 들어 시민을 상대로 행사를 연다면 누가, 왜, 언제, 어디서, 무엇을, 어떻게 개최하는지가 분명히 드러나야 한다.

② 명사의 지나친 병렬은 피한다

비즈니스 글은 간결하고 함축적인 내용을 담아내야 하지만 지나치게 함축적으로 쓰기 위해 명사만 여럿 늘어놓는 것은 좋지 않다. 명사의 지나친 병렬은 의미 전달을 방해할 뿐만 아니라 자칫하면 대단히 딱딱한 느낌을 줄 수 있다. 명사의 병렬이 지나칠 때에는 관형격 조사 '-의'를 사용한다.

③ 날짜는 연도와 월일을 반드시 함께 언급한다

문서에서 연도, 월일을 명확하게 기술해야 한다. 일부에서는 2005년의 경우 '05로 표기하는 사례가 있지만 바람직하지 않다. 공문서는 무엇보다 공적인 성격이 강하므로, 연도와 월일을 정확하게 기술한다.

④ 날짜 다음에 괄호를 사용할 때에는 마침표를 찍지 않는다

공문서에서는 날짜를 언급하게 마련이다. 중요한 행사나 일정을 제시

할 때에는 반드시 날짜가 언급된다. 날짜 다음에 요일이나 기타 내용을 괄호로 담아낼 때에는 마침표를 찍지 않는 것이 원칙이다. 예를 들어 2006. 05. 08.(화)가 아니라 2006. 05. 08(화)라고 쓴다.

⑤ 양식에 따라 정확하게 기술한다

공문서 양식에는 다양한 내용들을 적도록 되어 있다. 이들을 기술할 때에는 정확하게 적어야 한다. 공문서는 일시적인 비즈니스 글이 아니므로 장기간 보관되고 예기치 않은 문제가 발생했을 때에는 중요한 증거 자료로 제시된다. 따라서 양식에 따라 정확하게 기술하는 것이 무엇보다 중요하다.

⑥ 내용이 복잡할 경우 구분해서 정리한다

공문서의 내용이 복잡하게 전개될 경우 '- 다음 -' 또는 '- 아래-' 라는 항목을 만들어 구분해 정리한다.

⑦ 마지막엔 반드시 '끝' 자로 마무리한다

공문서는 대개 한 장에 내용을 다 담아내는 것이 원칙이다. 이때에는 쓸데없는 내용을 빼고 핵심적인 것만 추려서 적어야 한다. 공문서의 내용을 완성한 다음에는 반드시 '끝' 자를 써서 마무리하는 것이 중요하다. 만약 '끝' 자를 사용하지 않는 경우에는 글의 내용이 어디에서 끝나는지, 또는 계속 이어지는지 정확하게 파악하기 어렵다.

⑧ 담당자의 연락처를 정확히 적는다

공문서는 외부로 전달되는 비즈니스 글이다. 담당자의 이름과 직위, 전화번호를 정확히 기재해야 한다. 공문서를 읽다 보면 세부 내용이 궁금해 담당자와 직접 통화해야 할 경우가 생기게 마련이다. 가능하면 담당자의 회사 내선 번호까지 상세히 기입한다.

[공문서]

사례 1

부패방지위원회

수신자   수신자 참조
(경유)
제 목   「2005년 부패방지평가 보고대회」 개최 알림

---

　　1. 귀 기관의 무궁한 발전을 기원합니다.

　　2. 참여정부 2년간의 부패방지 성과를 돌아보고 국가청렴도 향상을 위한 정책방향을 정립하기 위해 「2005년 부패방지평가 보고대회」를 붙임(1)과 같이 개최하고자 합니다.

　　3. 동 보고대회의 원활한 진행을 위하여 붙임(2)의 협조사항을 2005. 1. 20(화)까지 행사준비팀(전화: 02-2126-0044~47, 팩스: 02-2126-0314, E-mail: ddoba@ kicac.go.kr)으로 알려주시기 바랍니다.

　　　　※ 초청장은 추후 별도 송부 예정임

붙임　　붙임　1.「2005년 부패방지평가 보고대회」 기본계획 1부
　　　　　　　2. 행사준비관련 협조사항 1부. 끝.

부패방지위원회 회장
○ ○ ○

수신자　부패방지공관 부패방지시민모임 기업홍보부 정의실천모임

⇒) 간결하게 잘 작성된 공문서이다. 제목과 내용을 간결하고 정확하게 담아내고 있다.

[공문서]

사례 2

○○○○협회

우)123-123 서울 강남구 대치동 123 ○○빌딩 / 전화)02-123-1234 / 팩스)02-123-1235 담당 이순신

문서번호 : 가나 2005-267　　　　　　(○○부)　　　　　　시행일자 : 2005. 7. 1.
경　유 : ○○담당 부서장
수　신 : 회원사 각위
참　조 : 담당 과장
제　목 : **"가나 문화 포럼" 참여 안내**

---

　　1. 귀사의 무궁한 발전을 기원합니다.
　　2. 우리 공단에서는 기업문화의 창달과 발전을 위해 "가나 문화 포럼"을 개최하오니 회원사 여러분의 많은 참여를 부탁드립니다.

― 다　음 ―

　　가. 일시 : 2005. 8. 30
　　나. 행사명 : '가나 문화 포럼'
　　다. 참가대상 : 회원사 및 관계사
　　라. 참가 신청 마감 : 2005. 8. 1(월) 18:00
　　마. 제출처 및 서류 : 참가자 신청서 1부
　　바. 참가문의 : 총무부 이순신(T. 02-123-1235(내선 123))

붙임　참가신청서 1부.　끝.

○ ○ ○ ○ 협 회
회 장 ○ ○ ○ 　[직인]

=> 복잡한 내용을 요점만 잘 담아냈다. 문서번호와 경유, 수신, 참조, 제목, 첨부에서 쌍점을 찍어도 되고 찍지 않아도 된다. 중요한 것은 통일시키는 것이다. 정부기관의 문서에서는 쌍점을 찍지 않는 것이 일반적이다.

사례 3

일하는 사람들의 희망과 신뢰

근로복지공단

수신자 이순신   홈페이지 부조리
(경유)
제목   인터넷 민원 회신

 1. 2005. 1. 4 공단 홈페이지 부조리 민원에 대한 회신입니다.
   (일자) 의√   깊은
 2. 우선 우리 공단 콘도이용에 있어 불편함을 드린 점에 대하여 대단히 죄
송하다는 사과의 말씀을 드리며, 담당자에 대하여는 앞으로는 이러한 사례가 없도
  류 충분히 주의 조치한 바 있습니다. 게는   태 발생하지
  않도록
 3. 또한 우리 공단이 귀하의 콘도 신청 취소를 이유로 향후 콘도사용을 제
한 한데 대하여는 귀하의 신청취소 지연 사유가 우리공단 으로부터 선정통보를 늦
게 받은데 기인한 것 이므로 사용제한 조치를 해제하였으며, 아울러 이용과정에 있
어 일부 전산 시스템의 미비점이 확인되어 즉시 보완토록 하였음을 알려드리니 양
해하여 주시기 바랍니다. 끝.
         것은   것이 원인인 만큼   오

근로복지공단이사장
   ○   ○   ○

수신자
협조자
시행 복지진흥부-203   접수
우 150-981 서울 영등포구 명화1길 6 (영등포동2가 94-267) /www.welco.or.kr
전화 02-2670-0290   전송 02-2670-0482   /   / 공개

⇒ 짧은 내용의 글이지만 표현이 정확하지 않다. 내용을 축약할 필요가 있다.

[공문서]

사례 4

통계청
KNSO

통 계 청

수신자 수신자 참조
(경유)
제목 정부업무관리시스템 구축 관련 우리청 기능조사를 위한 재교육실시

　　정부업무관리시스템 추진단(행자부 및 용역업체)은 우리청 단위
과제 조사표, 업무절차흐름도 및 설명서 작성 재교육을 위해 우리청을
방문할 계획인바, 다음과 같이 교육일시를 통보하오니 해당 과(팀)에서는
교육대상자가 교육에 참석할 수 있도록 조치하여 주시기 바랍니다.

　　　　　　　　　교육일정을
　　　　　　―우리청 기능조사를 위한 재교육―
　　　　　　　　　　다음
　　　　□ 교육일시 : 2005. 8. 9(화) 13:00 ~ 16:00
　　　　□ 교육장소 : 청사 대회의실 (3동 2층)
　　　　□ 교육대상 : 각 과(팀) 단위업무별 담당자
　　　　□ 교육내용 : 단위과제 조사표, 업무절차흐름도 및 설명서 작성
　　　　　　　　　　교육

혁 신 인 사 과 장

수 신 자 통계정책과장, 통계협력과장, 지역통계과장, 국제통계협력과장, 통계개발팀장, 산업통계과장, 산업동향과장, 서비스업통계과장, 서비스업동향과장, 물가통계과장, 통계분석과장, 인구조사과장, 인구동향과장, 고용복지 통계과장, 농수산통계과장, 정보화기획과장, 행정정보과장, 정보서비스과장, 전산개발과장, 통계지리정보팀장, 품질관리팀장

⇒ 사외 공문서다. 제목이 지나치게 길다. 쓸데없는 군더더기의 단어는 사용하지 않는 것이 좋다. 본문의 내용 전개에서도 정확한 의미의 단어를 사용해야 한다. 하부 항목의 전개에서도 ―우리청 기능조사를 위한 재교육― 이 아니라 ―다음―으로 표기하고 교육일시와 교육장소, 교육대상, 교육내용에서는 '교육'이란 글자를 삭제해야 한다.

사례 5

통계청
KNSO

통 계 청

수신자 수신자 참조
(경유)
제목 (대한통계협회장) 통계유공 표창대상자 추천의뢰

   1. 대한통계협회에서는 매년 「통계의 날」을 맞아 통계유공자에 대하여 표창을 실시하고 있습니다.
   2. 이에 각 국(사무소 및 통계교육원)에서는 통계조사와 자료수집, 분석 등 통계업무에 종사하면서 많은(우수한) 업적을 남긴 직원을 선정하여 2004. 8. 5(금)까지 추천하여 주시기 바랍니다.

— 다 음 —

   가. 선발인원 : 1명
   나. 추천기준 : 통계업무에 1년 이상 근무한 경력자로 통계자료생산 등 이용발전에 기여한 사람
   다. 추천인원 : 각 국, 총무과군(청장실, 품질관리팀, 공보팀, 평가감사팀), 통계교육원, 각 지방사무소별 1명 이내
   라. 추천시 구비서류 : 공적조서 1부(붙임 참조)
      ※ 기한내 미통보시 추천대상자가 없는 것으로 간주함

붙임 통계협회공적조서 1부. 끝.

통 계 청 장

=〉 사내공문서다. 본문에서 중복적인 의미의 단어를 사용하고 있다. 단어의 표현 또한 부정확하다. 예를 들어 '많은 업적'이 아니라 '우수한 업적'이 정확한 표현이다. 정부기관의 문서인 만큼 수신자와 제목, 붙임에 쌍점을 찍지 않는다.

2. 설명서

글의 기술 양식에는 묘사와 설명, 서사와 논증이 있다. 묘사는 하나의 사물이나 현상이 모습으로 나타나고 어떤 형식으로 구성되어 있는지 세밀하게 기술하는 방식이고, 설명은 이미 알려진 사실이나 지식에 대해 이치와 원리를 풀어서 서술하는 방법이다. 서사는 하나의 사건이 일어난 경위와 내용을 기술하는 것이며, 논증은 사물의 도리가 어떠해야 하는가에 대한 근거를 대고 증명하거나, 주어진 판단이 옳은지 그릇된 것인지에 대해 확실한 이유를 들어 증명하는 기술 방식이다.

비즈니스 글의 설명서는 일반 글의 설명문에 해당된다.

비즈니스 글의 설명서는 대개 상품의 특성이나 사물의 성질과 가치, 작동 방법이나 과정을 소비자에게 설명하는 것이 주 목적이다. 일반적으로 소비자가 궁금해 하는 점을 쉽게 풀이해서 알려주는 것이다. 그러므로 설명서는 다른 비즈니스 글에 비해 상당히 대중적인 글에 속한다. 독자 또한 일반 대중을 상대로 한다.

일반 회사에서 주로 작성되는 설명서에는 상품 소개서와 제품 설명서가 있다. 상품 소개서는 금융 상품이나 보험 상품에 대해 소개하는 글이고, 제품 설명서는 일상 생활용품이나 전자제품에 관해 설명하는 글이다. 두 유형의 글이 비슷하긴 하지만, 상품 소개서가 제품 설명서보다 훨씬 대중적인 성격을 띤다. 상품 소개서는 일반인들이 친근하게 읽고 내용을 쉽게 이해하도록 하는 것이 핵심인 반면, 제품 설명서는 제품의 특징과 활용도에 대해 세부적으로 언급하는 일이 더 많다. 물론 목적도 조금 다르다. 상품 소개서는 소비자에게 상품의 특징을 잘 전달해 상품을 구입하도록 유도하는 것이 궁극적인 목적이다. 그러나 제품 설명서는 제품 구입도 유도하지만 제품의 사용법에 대해 더 자세하게 알려주는 점이 다르다.

두 유형의 설명서 작성 원칙은 되도록 쉽게 전개하는 것이 핵심이다. 설명서의 내용이 어려워 독자가 잘 이해하지 못하면 오히려 혼란만 가중시키고 설명서로서의 기능을 다할 수 없다. 예를 들어 전자제품에 관한 설명서라면 일반 소비자가 이해하기 쉽고 내용을 정확히 파악할 수 있도록 작성해야 한다. 제품 설명서에 적힌 대로 따라했지만 잘 조립되지 않거나 제대로 작동되지 않는다면 설명서에 문제가 있는 것이다. 설명서는 일반 대중을 상대로 하는 비즈니스 글쓰기에 해당하므로 누가 읽어도 쉽게 이해할 수 있도록 작성하는 것이 기본이다.

일반 비즈니스 글은 엄격한 격식을 갖추고 있으며, 글의 내용도 간략하고 함축성 있게 전개되지만 설명서는 이와 달리 대중적인 표현을 쓰고 내용 또한 쉽고 평이해야 한다. 특히 설명서는 회사의 상품이나 제품을 일반 소비자에게 홍보하거나 사용하도록 권장하는 글인 만큼 내용을 읽고 소비자가 정확하게 이해하지 못하거나 오해하는 일이 생겨서는 안 된다.

일반적으로 비즈니스 레터나 기안서, 공문서는 대개 단순 구성이나 역피라미드형 구성을 취한다. 그러나 설명서는 내용이 길기 때문에 전체 글을 하나의 구성 형식으로 작성해선 조금 곤란하다. 어떤 내용을 담아내느냐에 따라 글의 구성이 조금씩 달라진다. 그래서 설명서는 전체적으로 큰 흐름을 잡은 다음 부분적으로 구성을 달리하는 것이 바람직하다.

상품 소개서와 제품 설명서는 설명 구성이 다소 다르다. 상품 소개서는 상품의 개요와 상품의 특징, 활용 방법 순으로 작성하는 것이 일반적이고 제품 설명서는 제품의 개요와 제품의 사양, 타사 제품과의 비교, 제품의 특징, 사용 방법, 구입 안내의 순으로 전개하는 것이 원칙이다. 물론 상품이나 제품의 종류에 따라 내용의 구성은 달라진다.

상품 소개서를 쓸 때에는 먼저 상품의 특징을 정확히 제시해야 한다. 그리고 상품의 이용 방법, 상품 이용시 혜택 등에 대한 설명도 있어야 한다. 대표적인 상품 소개서로는 보험회사와 은행의 보험 또는 금융 상품 소개서를 들 수 있다. 상품 소개서는 고객이 상품에 대한 구체적이고 설득력 있는 정보를 얻을 수 있도록 핵심적인 내용을 일목요연하게 풀어가야 한다. 내용을 전개할 때에는 전체 내용을 서술적으로 늘어놓기보다 큰 항목과 하부 항목을 설정하는 편이 효과적이다. 내용이 길지 않으면 굳이 하부 항목을 설정할 필요는 없지만, 내용을 한눈에 파악할 수 있도록 전개하는 것이 바람직하다. 그리고 항목을 지나치게 세부적으로 나누는 것은 좋지 않다. 항목을 지나치게 세분

화할 경우 상품에 대한 이미지가 딱딱하고 기계적일 수 있다. 그러므로 어떤 내용을 어떤 식으로 전달하느냐에 따라 방법을 달리할 필요가 있다.

 제품 설명서는 상품 소개서에 비해 상당히 세부적인 내용을 담아낸다. 제품의 일반적인 개요에서부터 제품의 특징이나 사용법에 대해서 세밀하게 기술한다. 그러므로 대부분 항목별로 일목요연하게 전개한다. 특히 제품 설명서는 제품이 어떤 특징을 가지고 있고 어떤 첨단 기능을 지니고 있는지 명확하게 제시해야 한다. 제품 설명서는 사용 방법 설명이 대단히 중요하다. 제품 사용법에 대한 설명이 정확해야 한다. 설명서는 쉽고 정확하게 내용을 이해할 수 있도록 작성하는 것이 중요하다.

 설명서의 제품 사용법을 작성하는 게 어렵다면 신문이나 잡지에 실린 요리 기사를 참조하기 바란다. 신문이나 잡지의 요리 기사는 반드시 음식의 특징과 만드는 방법에 대해 서술한다. 기본 재료에서부터 각종 재료 손질법, 음식을 만드는 순서까지 자세히 적혀 있다. 독자가 그 요리를 만들고자 할 때 적힌 순서에 따라 실행하면 제대로 된 요리가 완성된다. 이는 무엇보다 조리법에 대한 설명이 정확하고 세밀하게 잘 안내되어 있음을 의미한다. 따라서 제품 설명서를 쓸 때에는 요리 기사를 참고하는 것도 하나의 요령이다.

설명서 작성시 주의사항

① 내용은 정확하게 기술한다

설명서는 상품이나 제품에 대해 설명적으로 서술한 글이다. 상품이나 제품의 설명이 정확하지 않으면 오히려 역효과가 생긴다. 오해의 소지가 있는 내용은 과감히 삭제하거나 다른 문장으로 바꿔야 한다.

② 문장은 간결하게 한다

설명서의 문장이 길면 내용을 정확하게 전달하기가 쉽지 않다. 그러므로 간결한 문장을 사용하는 것이 좋다. 특히 설명서의 내용 가운데 제품의 조립 순서나 작동법은 간결하게 작성해 소비자가 바로 이해할 수 있게 한다.

③ 전문용어의 사용은 삼간다

상품이나 제품을 설명하다 보면 전문용어를 쓰기 쉬운데 전문용어는 일반 소비자가 이해하기 어려우므로 되도록 사용하지 않는 것이 좋다. 굳이 전문용어를 사용해야 하는 경우라도 대중적인 용어로 바꿀 수 있는 단어는 없는지 재차 고려해본다.

④ 복잡한 내용은 도표화한다

서술이 장황하면 독자에게 혼란을 줄 수 있다. 이럴 때는 도표화하는 것이 효과적이다.

⑤ 서술형 어미는 달리한다

　제품 설명서에서는 제품의 조립 방법이나 사용상 주의점에 대해 상세히 설명하는 경우가 있다. 이때 "좌측으로 회전시켜 주십시오." 같은 식의 명령문보다 "좌측으로 회전시킵니다"란 평서형으로 표현하는 것이 좋다. 그리고 서술형 어미는 모든 문장에서 동일하게 하기보다는 다르게 표현하는 것이 이상적이다. 예를 들어 "좌측으로 회전시킵니다." "우측으로 회전시켜 주세요." 하는 식으로 서술어를 다르게 한다.

[설명서]

사례 1

세탁기 설치방법

수평 확인방법

■ 세탁조에 물을 부어 세탁조 (스테인레스)와 세탁조 밑부분 (플라스틱)이 맞닿는 경계선까지 물이 고이도록 하세요.

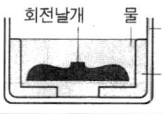

■ 위에서 똑바로 보아 세탁조와 고인물이 서로 동심원을 이루고 있는지 확인하세요. (그림참조)

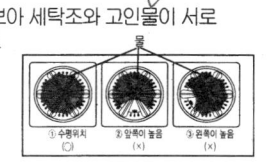

세탁기 운반방법

■ 세탁기 옆면의 손잡이를 잡고 운반하세요.

급수호스 연결하기

■ 급수고정구를 수도꼭지에 완전히 밀착시키면서, 나사를 조여 흔들리지 않도록 고정합니다.

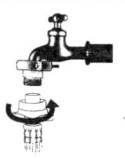

■ 급수구를 돌려 급수고정구에 완전히 끼웁니다.

■ 호스의 다른 한쪽을 세탁기의 급수구에 돌려서 완전히 끼웁니다.

배수호스연결하기

~아야 합니다.

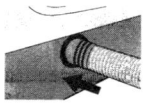

■ 배수호스를 세탁기의 연결부에 꽉 끼워 고정하세요.

* 문턱이 있을 경우 턱높이 8cm 이하 호스길이가 2m 이내로 설치하세요.
* 문턱이 없을 때는 호스전체 길이가 3m를 넘지 않도록 설치하세요.
* 배수호스 끝단부위를 배수구에 넣지 마시고 하수구물에 잠기지 않게 하세요.
* 배수호스를 연결하여 사용하실 경우 구입하신 대리점이나 서비스센터로 문의하세요.

하부카바를 끼워주세요

반드시

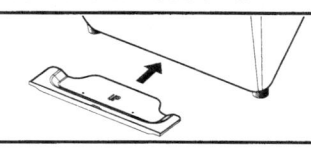

■ 세탁기 아래부분의 끼우는 곳에 윗면(UP)을 확인하여 하부카바를 '딸깍' 소리가 날 때까지 끼워 주세요.

~야 합니다.

=> 제품 설명서의 한 부분이다. 세탁기를 어떻게 설치해야 하는지 상세하게 설명하고 있다. 제품 설명서는 독자가 읽고 설치할 때 의문점을 주지 않아야 한다.

사례 2

> 안내장의 보험용어가 어려우신가요?
>
> # 알아두면 도움이 되는 보험용어

계약관계자에 대한 용어

- 계약자 : 자기의 이름으로 보험회사와 보험계약을 체결하는 사람(보험료 납입의 의무와 함께 환급금 및 배당금 청구, 보험계약대출 등의 권리가 있음)
- 보험대상자 : 보험사고의 대상이 되는 사람(즉, 보장의 대상이 되는 사람) [피보험자]
- 보험금을 받는 자(수익자) : 보험사고가 발생한 경우, 보험자(보험회사)로부터 보험금을 청구할 수 있는 권리가 있는 사람(피보험자의 동의를 얻어 보험계약자에 의해서 지정된 사람)

보험료와 보험금

- 보험료 : 보험회사가 보험금 지급책임을 지는 대가로 보험계약자가 납입하기로 약정한 금액
- 보험금 : 보험사고가 발생할 경우 보험회사가 지급하기로 보험계약에서 정한 금액 (사망보험금, 상해보험금, 만기보험금, 분할보험금 등)

보장기간과 납입기간

- 보험(보장) 기간 : 고객이 제1회 보험료를 납입한 날(계약일, 보장개시일)부터 보험계약이 종료되는 날까지의 기간(즉, 계약일에서 만기일까지)
- 납입기간 : 보험계약자가 보험료를 납입하는 기간(보험기간과 동일하거나 짧음)

=> 보험 상품에 대한 설명서이다. 전체 내용을 항목에 따라 구분해 간략하게 설명하고 있다.

[**설명서**]

사례 3

국민건강 보험공단

검진시 주의사항

1 금식
- 검진 전날 저녁 9시 이후에는 금식 하셔야 합니다.
  - 검진 당일 아침 식사는 물론 커피, 우유, 담배, 주스 등 일체의 음식을 삼가시기 바랍니다.
  - 가급적 오전 중에 검진을 받으시되, 오후에 검진을 받으실 분은 검사시까지 최소 6시간 이상의 공복유지가 필요합니다.
  - ☑ 공복이 아닌 상태에서 검진하였을 경우 검사결과가 다르게 나타날 수 있습니다.

2 예약 후 방문
- 검진기관에 사전 예약 후 방문하시면 편리하게 검진을 받을 수 있습니다.

3 문진표 작성
- 검진기관에 비치된 문진표는 반드시 본인이 작성하여 제출하시기 바랍니다.

4 생리 중 삼가
- 생리 중에는 검진받는 일을 삼가시기 바랍니다.

5 검진 횟수
- 건강검진은 2년에 1회 받을 수 있으며 검진 횟수를 초과하여 검진받는 경우에는 검진비용이 환수됩니다.

=〉 건강 진단을 받을 때 주의사항에 대한 설명서다. 중요한 내용을 항목에 따라 구분해 정리하고 있다.

사례 4

내 아이는 내가 돌본다!

눈가 주름을 예방하는 생활수칙 A to Z

1 아이 메이크업을 할 때는 스펀지나 면봉을 이용해 무리한 자극이 가지 않도록 합니다.

2 아이 메이크업을 지울 때는 아이 전용 클렌징을 사용합니다. 또, 아이라인을 지울 때는 면봉으로 살살 문지릅니다.
민감한 눈가와 입술을 자극없이 부드럽고 말끔히 지워주는 2개층으로 된 올 곤 아이 앤 립 리무버 100ml 22,000원

3 저녁은 물론, 아침에도 아이 크림을 꼭 발라서 24시간 내내 눈가를 촉촉하게 유지해줍니다.
퍼페추얼 모이스처 24 아이 크림은 강력한 피부 속 천연 보습인자가 즉각적으로 수분을 증가시켜 하루 24시간 내내 눈가를 촉촉하게 보호해줍니다.

4 피부노화의 주범인 자외선이 눈가를 피해갈 리 없기 때문에 평소에도 자외선 차단제를 발라줍니다. 외출할 때 선글래스를 착용하는 것도 좋은 방법입니다.
세라마이드 플럼 퍼펙트 아이 모이스처 크림은 눈가 피부 완화는 물론 태양으로부터 눈가 피부를 보호해주는 기능이 보강된 낮 전용 아이 크림입니다.

세라마이드 아이즈 타임 콤프렉스 캡슐을 이용한 눈가 주름 예방 셀프 마사지

1. 아이캡슐을 바르고 눈꺼풀 위를 나선형으로 부드럽게 마사지해줍니다. 눈가를 끌어올리는 기분으로 아래에서 위로 마사지합니다.
2. 눈을 감은 다음 검지로 눈꺼풀을 가볍게 누르며 눈을 떴다 감았다 하는 동작을 4, 5회 정도 반복합니다.
3. 눈의 머리, 가운데, 끝부분의 지압점을 검지로 지그시 눌러주는 동작을 5회 정도 반복합니다.

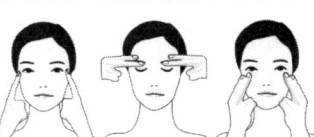

⇒) 화장품 사용에 관한 설명서. 신문이나 잡지에 흔히 등장하는 기사문 형식을 취하고 있다.

3. 보도자료

보도자료(press release)는 정부 기관이나 기업체, 각종 단체 등이 언론을 상대로 자신들의 정보가 기사로 보도되도록 하기 위해 보내는 자료를 의미한다. 즉 언론사와 기자의 편의를 위해 제공하는 기삿거리이다. 보도자료는 정부 기관이나 기업체 등에서 생산하는 자료이며, 기업의 홍보부에서 작성하는 경우가 많다. 일부 기업은 홍보 대행사를 활용하기도 한다. 기업 쪽에서 보면 보도자료는 기업 홍보를 위해 작성하는 비즈니스 글이다.

홍보는 언론에 기업의 정보를 알린다는 점에서는 광고와 동일하다. 그러나 기업의 정보를 알리는 방법은 완전히 다르다. 광고가 돈을 지급하고 정보를 알리는 것과는 달리 홍보는 일절 비용을 내지 않는다. 특히 홍보는 기업에서 제품 개발이나 중요한 행사를 할 때 언론에 알려주어 기사화시키는 것을 의미한다. 그래서 기업에서는 전혀 비용을 들이지 않고 기업의 정보나 상품을 알리는 만큼 광고보다 홍보를 더 선호한다.

광고는 기업이 원하는 정보를 돈을 주고 알리면 되지만 홍보는 기업이 원한다고 해서 가능한 것이 아니다. 매체 입장에서는 기업의 정보가 언론 기사로 보도될 만한 내용인지 우선적으로 판단한다. 그런데 일단 언론에 보도되면 그 효과는 엄청나다. 언론은 신뢰에 바탕을 둔다. 언론에 기사화되었다는 것은 정보의 가치가 충분히 있음을 의미한다. 기업에서는 특히 언론 매체에 보도되는 것이 기업의 인지도를 높이고 기업 정보나 상품의 메시지를 가장 빨리 폭넓게 전달할 수 있는 방법이라고 생각한다.

기업을 홍보하는 방법은 다양하다. 보도자료를 작성해 언론에 기사화하는 방법이 있고 소책자를 직접 만들어 홍보하는 방법도 있다. 소책자로는 사보나 팸플릿, 브로슈어가 해당된다. 그러나 기업의 홍보 방법 중 보도자료를 통한 것만큼 파급 효과와 전달 효과가 큰 것은 없다. 그래서 기업에서는 좋은 정보가 있을 경우 언론을 통해 기사화되기를 바란다.

기업의 정보가 언론을 통해 기사화되려면 일차적으로 보도자료를 제대로 작성해야 한다. 보도자료가 부실하거나 기자의 구미에 맞지 않는다면 아무리 좋은 정보라도 기사화되기 어렵다. 기자는 정보 수집에 어느 정도 열을 올린다. 하지만 정보도 가치가 있는 것이 있고 없는 것이 있으며 그 판단은 기자의 몫이다. 기업에서 제공하는 보도자료의 성격에 따라 기사화되거나 되지 않는 일이 생겨날 수 있다. 그래서 보도자료는 단순한 비즈니스 글이기보다는 회사의 이미지나 제품을 알리는 데 결정적인 자료가 된다.

보도자료는 기업의 모든 활동을 재료로 삼을 수 있다. 주로 회사의 정책이나 활동, 종업원의 활동과 행사 안내, 제품 개발, 기술 개발, 특정 사안에 대한 견해 표명과 공지사항, 회사의 이미지를 높이는 내용을 담아내는 것이 일반적이다. 보도자료는 이러한 기업 활동에 관한 정보를 언론사에 효과적으로 전달할 수 있어야 한다. 기업에서는 대개 홍보팀에서 보도자료를 작성한다. 회사의 홍보팀은 기업의 홍보를 총괄하는 부서인 만큼 기업의 대외 이미지를 제고하기 위한 모든 활동을 한다. 그러나 홍보팀이 아니더라도 직장인이라면 한번쯤은 보도자료를 작성하게 되므로 작성 방법을 알아둘 필요가 있다. 보도자료는 일반적으로 기사 형식으로 쓴다. 기사는 대중적인 글의 표본이고 대중을 위해 쓰이는 글이다. 어떻게 보면 가장 기본적인 글쓰기에 해당된다고 할 수 있다.

그러나 보도자료는 내용을 어떻게 구성하느냐에 따라 기사형과 일반형, 혼합형으로 나눈다. 기사형은 보도자료를 언론의 기사 형태로 쓰는 것을 말하고 일반형은 기사 형태가 아닌, 일반 자료 형태로 쓰는 것을 의미한다. 혼합형은 기사형과 일반형을 혼합해 구성하는 것을 말한다. 보도자료를 어떤 식으로 전달하느냐에 따라 구성을 달리할 수 있지만 보도자료 쓰기의 기본은 언론사 또는 기자가 이해하기 쉽고 내용을 편리하게 가공할 수 있도록 하는 데 초점을 맞춰야 한다.

1) 기사형

기사형 보도자료는 언론의 기사 쓰기와 동일한 형식을 취하며, 언론의 관심을 끌고 기자의 눈길을 잡으려는 목적이 강하다. 특히 일선 기자들의 바쁜 상황을 고려해 기자의 구미에 맞게 작성해 기자의 선택 가능성을 높이는 게 중요하다. 내용이 길고 장황하면 기사 형식으로 보도자료를 작성하기가 쉽지 않다. 아무리 잘 작성했더라도 기자의 구미에 맞추기는 힘들다.

기사형 보도자료를 작성할 때에는 되도록 완벽한 형식을 갖춰야 한다. 어설프게 작성하면 기자나 회사측 모두 이중의 일이 된다. 만약 기사형으로 보도자료를 작성하는 게 어렵다면 다른 방법을 택하는 편이 낫다.

기사형 보도자료는 무엇보다 내용이 복잡하지 않은 경우에 주로 활용된다. 회사의 업무 성과나 목표 달성 같은 장황한 내용이 아니라 가볍게 담아낼 수 있는 내용이 주류를 이룬다. 물론 장황한 내용이더라도 짧고 간결하게 담아낼 수 있는 핵심적인 사항이 있으면 가능하다. 기사형 보도자료는 일반적으로 A4용지 한 장의 분량으로 작성된다. 따라서 깊이 있고 장황한 내용을 담고 있는 대형 프로젝트나 발전 계획을 설명해야 하는 경우에는 적합하지 않다.

기사형 보도자료 쓰기는 크게 두 유형으로 나눈다. 하나는 스트레이트 기사 형태이고 다른 하나는 해설 기사 형태다. 스트레이트 기사 형태는 언론의 스트레이트 기사 형식으로, 해설 기사 형태는 언론의 해설 기사 식으로 작성하면 된다. 스트레이트 기사 형태는 주로 회사의 신기술 개발이나 신제품 개발, 회사 정책이나 비전 제시 등을 내용으로 하고, 해설 기사 형태는 회사 종업원의 선행이나 봉사활동, 지역 주민에 대한 편리 제공 등의 내용이 해당된다. 특히 해설 기사 유형은 있는 사실을 객관적으로 담아내는 스트레이트 기사 형태와는 달리 인간적인 관심사나 감동을 제공하는 형태다. 이런 기사형 보도자료는 언론의 기사 형식을 모방해 작성하는 것이 가장 현명하다.

기사형 보도자료를 작성할 때 제일 중요한 것은 제목이다. 제목은 글의 간판이므로 한눈에 파악되도록 다는 것이 좋다. 언론사 기자가 보도자료를 접했을 때 단번에 어떤 내용인지 알아보도록 구체적으로 작성해야 한다. 모든 글의 제목감은 본문 속에 담겨 있다. 본문을 여러 번 읽고 핵심적인 내용을 뽑아내면 된다. 그리고 가능한 한 간결하고 짧게 매력적으로 작성한다. 물론 매력적으로 작성한다고 없는 내용을 거짓으로 표현하는 것은 금물이다.

리드를 쓸 때에는 전체의 내용을 요약적으로 담아내야 한다. 전체의 내용을 아우르되 핵심적인 주제문의 성격을 지녀야 한다. 기사의 리드는 일반 글의 주제문과 동일한 구실을 한다. 일반 글의 주제문은 전체 내용을 아우르는 핵심적인 문장이다. 그러므로 본문의 첫 문장을 전개할 때에는 전체 내용을 축약하여 표현한다. 예를 들어 "문화전자가 첨단 미디어 시대의 신기술 개발에 성공했다"라는 식으로 전개하는 것이 좋다.

본문을 전개할 때는 리드 문장을 추가적으로 설명하는 내용을 서술한다. 이때에는 중요한 내용에서부터 덜 중요한 내용의 순으로 전개해야 한다. 본문은 대체로 서너 단락으로 구성한다. 본문의 전개가 너무 장황하거나 길면 기사형 보도자료로서의 매력을 상실하게 된다. 언론 입장에서도 장황하게 전개한 보도자료의 내용을 그대로 수용하기 어렵다. 보도자료에 의한 기사화는 대개 짧은 정보 전달에 그친다. 보도자료의 내용을 토대로 특집 기사를 꾸민다거나 기획 기사로 활용하는 경우는 드물다. 따라서 기사형 보도자료는 기자의 구미에 맞게 쓰는 것이 원칙이고, 언론의 생리를 기본적으로 알고 작성해야 한다.

해설 기사 형태로 작성하고자 할 때에는 제목은 스트레이트 기사 형태의 제목과 동일하게 뽑으면 된다. 그러나 내용을 서술할 때에는 역피라미드형과 피라미드형을 섞은 혼합형을 취한다. 즉 역피라미드형의 서두 부분을 앞부분에 서술하고 그 다음에 피라미드형을 접목시키는 것이다. 그러나 해설 기사 형태의 보도자료 작성은 흔하지 않다. 그리고 이 형태로 보도자료를 작성했더라도 원문 그대로 수용되는 경우는 드물다. 물론 매체에 따라 다르긴 하지만 주요 언론에서는 대부분 기자가 다시 취재해 쓰는 것이 기본이다.

2) 일반형

기사형 보도자료를 제대로 작성하지 못할 경우, 어설프게 흉내내기보다는 차라리 정보의 내용을 일목요연하게 정리해 전달하는 것도 좋은 방법이다. 현재 기업의 홍보를 대행하는 홍보 대행사가 많이 등장하다 보니 서로 앞다투어 기사 형식의 보도자료를 작성해 언론에 전송하고 있다. 그러나 얼마 전까지만 해도 기업의 정보를 정리해 보도자료로 제공했다. 기자는 그 정보를 접수해 기사 가치가 있을 경우 기사로 작성해 보도하는 것이 일반적이었다. 그러므로 기사 형식의 보도자료를 완벽하게 작성할 수 없다면 정보 자료를 정리해 전달하는 것도 무방하다. 좀더 신경을 써서 기사 형식의 보도문과 자료를 함께 전달하는 것도 효과적이다. 기자는 기사를 쓸 때 손쉽게 가공할 수 있는 자료를 선택한다. 어설프게 작성해 읽어볼 만한 가치도 없게 만들기보다 기자가 직접 활용할 수 있도록 편의를 제공하는 것이 좋다.

일반형 보도자료는 회사의 정보가 방대하거나 복잡할 때 주로 사용된다. 특히 출판사나 영화사, 음반 회사에서 도서나 영화, 음반의 출시를 앞두고 작성해 전달하는 경우가 많다. 일반형 보도자료 역시 내용을 정확하게 전달해 기자가 보도할 수 있도록 배려하는 것이 중요하다.

일반형 보도자료는 일단 장황하다. 기사형처럼 A4용지 한 장에 담아내기보다는 여러 장을 쓰는 것이 일반적이다. 내용 또한 상세하고 세밀하며 구체적이다. 그런 점에서 일반형은 보고서나 기획서 같은 비즈니스 글의 작성과 비슷하다. 그러나 내용을 전개하는 방식은 조금 다르다. 일반 비즈니스 글은 서론과 본론, 결론의 순으로 전개하는 경우가 많지만 일반형 보도자료는 기사형 보도자료처럼 중요한 항목은 먼저 언급하고 덜 중요한 항목은 나중에 언급하는 역피라미드형이 적당하다.

예를 들어 도서를 소개하는 보도자료를 작성할 때에는 저자의 이력보다 책의 내용을 먼저 서술해야 한다. 첫 부분에서는 책의 전체적인 내용을 아우르는 핵심 부분을 넣고 그 다음 세부적인 항목을 담아낸다. 그리고 마지막으로는 저자의 이력을 담아낸다. 만약 덜 중요한 내용을 먼저 쓴다면 기자는 보도자료에 관심을 두지 않는다. 중요한 것은 기자의 눈길을 끄는 것이다. 기자가 선택하지 않으면 아무리 성의 있게 쓴 보도자료라고 해도 무용지물이다.

좀더 구체적으로 자원봉사자 모집에 대한 보도자료를 쓴다고 하자. 이때에는 자원봉사자 모집의 의도와 목적에 대한 항목을 먼저 쓰고 모집 기간과 모집 장소, 자격 요건, 자원봉사 업무 내용, 지원 방법의 순서로 전개한다. 자원봉사자에 대해 특전이나 혜택이 제공된다면 이 내용도 마지막에 추가해야 한다. 특기 사항은 내용에 따라 다르지만 다른 내용보다 언론에서 더 중요하게 취급한다. 회사의 정책 홍보인 경우에도 정책의 추진 배경과 실적, 향후 계획을 먼저 쓰고 마지막 부분에 정책의 시행 의미를 서술해야 한다. R&D에 대한 내용인 경우에도 개발 배경을 먼저 서술하고 개발 현황과 성과, 향후 계획을 넣어야 한다.

제목은 일반형 보도자료에서도 기사형 보도자료와 마찬가지로 핵심적인 내용을 표현하는 문구를 사용한다. 형식상으로는 항목의 타이틀은 글자 포인트를 본문과 다르게 하는 것이 좋고 내용상 중요한 부분은 글자체를 달리해 작성한다.

3) 혼합형

혼합형 보도자료는 기사형과 일반형을 혼합해 전달하는 형태다. 기자들이 접근하기 용이하게 하고 기사화될 확률을 높이려는 의도가 강하다. 특히 혼합형은 일선 기자의 구미에 맞게 양자택일을 하라는 주문의 성격을 띤다. 혼합형은 일단 첫 장에 기사형의 보도자료를 만들어 넣고, 그 다음 장부터는 기사형 보도자료에 담긴 내용을 자세하게 추가로 첨부하는 식이다.

혼합형 보도자료는 길고 복잡한 정보를 요약적으로 기사화할 필요가 있을 때 작성된다. 일부에서는 기사형 보도자료 작성이 불가능할 때에 활용하는 경우도 있다. 또한 일선 기자의 취향이 어떤지 판단할 수 없거나 내용에 자신이 없을 경우에도 쓰인다.

언론에 제공되는 보도자료의 양은 지나치게 많으면 오히려 역효과를 낳는다. 알맞은 분량에 꼭 필요한 내용만을 전달하는 것이 좋다. 내용이 길어지면 핵심 포인트를 정확히 전달하기 어려울 뿐만 아니라 기자가 자료를 활용하는 데에도 불편함을 준다. 일선 기자들은 정보의 홍수

속에서 살고 있다. 책상에는 항상 자료들로 넘쳐난다. 중요하지 않은 내용을 지나치게 장황하게 서술하면 기자로부터 외면받기 일쑤다. 되도록이면 간략하게 핵심 사항을 전달하고 한눈에 정보의 내용을 파악할 수 있게 구성하는 것이 좋다.

보도자료 작성시 주의사항

① 시의성은 정확히 지킨다
보도자료를 작성할 때 제일 중요한 것은 시의성을 갖추는 일이다. 회사에 중요한 기술, 제품 개발이나 행사와 관련한 정보가 있을 때에는 사전에 언론에 제공해야 한다. 기자가 보도자료를 보자마자 기사화하기란 쉽지 않다. 그리고 언론은 정보의 내용에 따라 특정한 요일을 정해 보도하는 경우가 많다. 따라서 시간적으로 여유 있게 보내야 기사가 될 수 있다. 언론의 생리를 미리 파악해두는 것도 중요하다. 신문의 경우 월요일에서 목요일 중으로 보내는 것이 좋다. 잡지의 경우에는 기사의 최종 마감 전에 전달해야 한다.

② 매체에 따라 접근 방식을 달리한다
언론은 다양하다. 신문도 있고 방송, 잡지도 있다. 신문의 경우 종합지도 있고 경제지도 있다. 잡지 역시 종합지와 전문지가 있다. 특히 잡지는 독자층이 누구냐에 따라 담아내는 정보가 엄청나게 다르다. 따라서 모든 언론에 동일하게 작성한 보도자료를 제공해서는 안 된다. 매체의

성격에 맞게 내용도 달라져야 한다. 보도자료의 내용이 아무리 좋아도 매체와 성격에 맞지 않으면 보도되기 힘들다.

③ 내용은 정확하게 기술한다

기사는 정확성이 생명이다. 보도자료의 내용이 엉터리이거나 과장되어서는 곤란하다. 일선 기자가 보도자료의 내용을 확인하지 않고 보도할 경우에는 문제가 발생할 수 있다. 그리고 의심 가는 부분이 있어 확인 취재를 하게 되면 회사의 이미지에 큰 타격을 입을 수도 있다. 그렇게 되면 추후에 보도자료를 새로 작성해서 보내도 아무 소용이 없다.

④ 제목은 눈길을 끌어야 한다

보도자료는 제목부터 톡톡 튀어야 한다. 제목이 신선하지 않거나 고리타분하면 선택될 여지가 없다. 제목은 될수록 짧고 간결하되 한눈에 어떤 내용인지 파악할 수 있도록 구체적으로 뽑는 것이 중요하다. 추상적이거나 뜬구름 잡는 문구의 제목은 역효과를 낳을 수 있다.

⑤ 분량은 알맞게 한다

보도자료의 분량이 지나치게 많으면 기자는 부담을 느낀다. 보도자료는 기자가 선택하게끔 구성하는 것이 좋다. 기사형 보도자료일 경우에는 1장 정도가 적당하다. 일반형과 혼합형의 경우에는 4~5장 정도면 충분하다.

⑥ 연락처는 반드시 적는다

보도자료는 완벽하지 않다. 기자는 보도자료 외에 더 많은 정보를 요구할 수도 있다. 보도자료를 작성할 때에는 작성자, 또는 발송자의 연락처를 반드시 적어야 한다. 전화번호는 물론 이메일 주소를 기입하는 것도 잊지 말아야 한다. 언론에서 궁금하거나 문의할 사항이 있으면 언제든지 담당자와 연락을 취할 수 있도록 연락처를 남기는 것이다. 발송자의 연락처는 첫 장의 마지막 부분에 기재하는 것이 일반적이다.

⑦ 담당 기자와 연락을 취한다

보도자료는 언론사에 제공하는 것으로 끝나지 않는다. 일선 기자가 선택해 기사로 실어주는 것이 중요하다. 일부 회사들은 보도자료만 보내고는 언론사에서 알아서 하라는 식으로 무관심하다. 보도자료의 내용이 기사화되도록 하려면 담당 기자와 연락을 취하는 것이 좋다. 다소 번거롭더라도 보도자료를 보내기 전에 전화를 하고 보낸 다음에도 확인 전화를 하는 것이 좋다.

⑧ 필요한 경우 사진도 제공한다

기사는 본문 문장으로만 구성되지 않는다. 기사의 내용을 돋보이게 하거나 독자의 이해를 돕기 위해서는 사진도 필요하다. 보도자료를 제공할 때에는 관련 사진도 함께 전달한다. 특별한 경우가 아니라면 여러 장의 사진을 보내는 것이 좋다. 사진 설명도 반드시 달아서 보낸다.

⑨ 개인인 경우 성과물도 첨부한다

  기업의 정보뿐 아니라 회사의 이미지에 도움이 될 만한 정보면 무엇이든 보도자료화할 수 있다. 회사의 일반적인 정보가 아닌, 직원의 개인적인 정보를 제공할 때에는 연구 성과물이나 개인의 이력과 사진도 첨부하는 것이 좋다.

[보도자료]

사례 1

[보도자료] 주한 외국인 대상 팜스테이 체험행사 개최			
조회수	210	작성일	2006-05-15
작성부서	사업홍보관실	e-mail	
파일	사업홍보관실		

주한 외국인 대상 팜스테이 체험행사 열려
-4월~5월 중 총 4회 실시, 농촌 및 전통문화 체험 기회 제공

국내 거주 외국인들이 한국의 농촌 및 전통문화 체험에 나선다.

한국관광공사(사장 김종민)와 농협은 국내거주 외국인을 대상으로 팜스테이 체험행사를 4월~5월 중에 실시한다고 밝혔다.

이번 행사는 경기 포천 교동마을(4. 15~16)을 시작으로 강원 강릉 복사꽃마을(4. 22~23), 충남 서천 합천마을(5. 13~14), 그리고 강원 화천 산속호수마을(5. 20~21)에서 1박 2일 일정으로 각각 열리며 한국관광공사(hgea1@hanmail.net)를 통해 신청받는다.

행사에 참가하는 외국인들은 새끼 꼬기, 짚풀 공예, 허수아비 만들기, 야생화 심기, 감자전 만들기, 풀피리 불기와 마을주민들과 함께 어우러지는 사물놀이 등 한국의 농촌과 전통문화를 체험하는 시간을 갖게 된다. 또한 마을에서 열리는 복사꽃축제, 동백꽃축제 감상을 비롯하여, 오죽헌과 낙산사, 한산모시전시관 등 마을 인근 문화유적지 방문의 시간도 예정되어 있다.

관광공사 수도권협력단 이강길 단장은 "이번 행사는 외국인들에게 한국의 농촌문화 체험 기회를 제공하여 한국문화를 보다 잘 이해할 수 있는 계기를 마련코자 준비하였다"고 밝혔다.

문의처 : 한국관광공사 수도권협력단 이순신 부장(☎02-729-9489)
농협중앙회 농촌지원부 지역농업팀(☎02-2080-5588~9)
농협홈페이지(www.nonghyup.com)

=〉 기사형 보도자료다. 제목과 리드, 본문으로 구성되어 있다. 완전한 기사형이 되려면 세 번째 단락의 마지막 부분이 글의 마지막 부분에 와야 한다. 그러나 전반적으로는 기사형태를 취하고 있다.

사례 2

제 목	[보도자료] 청계천에 나타난 제비야, 반갑다!								
담당 기관	푸른 도시국	담당 부서	자연 생태과	담당자	이순신	전화 번호	6360-4623	일자	06/04/26
내용	- 청계천 하류 철새보호 구역에『제비』20여 마리 발견! - - 제비집 찾기 제보 요청 및 제비 정착방안 강구 계획 - ■ 서울시 푸른도시국에서는 지난주부터 우리 선조들과 오랜 세월을 함께 생활하며 우리들에게 봄의 전령이자 반가운 손님처럼 여겨왔던 제비 약 20여 마리가 서울 도심 청계천 하류인 신답철교 부근까지 찾아온 것이 발견되었다고 밝혔다. ■ 지난 4월 21일(금) 현장순찰 중이던 서울시 관계자의 카메라에 잡힌 제비(사진 별첨)는 서울 도심에서는 보기 드문 진객. 과거 여름철이면 사람이 사는 집 처마밑마다 둥지를 틀어 쉽게 관찰되던 제비는 환경이 악화됨에 따라 주변에서 거의 찾아보기 어렵게 되었고, 이에 2000년 서울시에서는 제비를 서울시 보호종으로 지정한 바 있다. ■ 제비가 사라진 이유는 아파트 등 건축양식의 변화로 둥지를 틀 수 있는 처마가 있는 가옥이나 초가가 크게 줄어드는 점과, 풀과 흙을 이겨 짓게 되는 둥지의 재료를 주로 공급해준 논과 하천이 크게 줄어든 점, 일부 논에서 살포하는 농약으로 인해 제비들이 낳은 알껍데기가 약해져 어미 제비가 품을 때 쉽게 깨져 부화율이 떨어진 때문으로 분석되며, 이에 따라 최근 제비가 발견된 지역도 월드컵공원, 탄천, 안양천 등 자연성이 높고 물이 가까이 있는 지역으로 제한되었다. ■ 서울시는 청계천을 복원한 지 1년도 채 되지 않은 상태에서 도심구역에 서울시 보호종인 제비가 다수 발견됨에 따라 생태적으로 빠르게 회복되고 있는 상황으로 판단하고, 제비가 잘 정착할 수 있도록 5월 초 조류전문가와 함께 현장조사를 거쳐 방안을 강구하고, 시민참여(제보)를 통한 "제비집 찾기"를 함께 추진해 서식처 확대도 함께 검토할 예정이다. ■ 제비가 발견된 구역은 청계천 3공구 마지막인 청계9번 신답철교부터 청계천과 중랑천과의 합류지점까지 넓게 분포하였으며, 우연히도 이 구역은 지난 3월10일 철새보호구역으로 확대지정된 구역과 일치한다. 이에 따라 문영모 서울시 자연생태과장은 "전문가 조사를 거쳐봐야 알겠지만, 청계천 하류 철새보호구역을 따라 걷는 시민들도 날렵하고 멋지게 비상하는 제비의 모습과 지지배배 우는 소리를 가까이서 보고 들을 수 있을 것으로 기대한다"고 밝혔다. ■ 제비는 몸길이 18㎝ 정도로 머리와 등은 광택을 띤 어두운 청색이고 가슴과 배는 흰색이며, 꼬리끝이 양쪽으로 길게 갈라져 연미복을 입은 신사의 이미지로 잘 알려져 있다. 또한 귀소성이 강해 매년 같은 장소에서 3~5개의 알을 낳으며, 이동시기인 10월 전후에 500~10,000마리가 무리를 지어 남쪽인 태국, 필리핀, 대만 등으로 이동하는 우리나라의 대표적 여름철새이다. 담당부서 : 서울특별시 푸른도시국 자연생태과(☎6360-4623)									

=) 일반 서술형 보도자료. 전체 내용을 항목별로 열거하고 있다. 첫 부분의 내용은 기사의 리드 부분과 거의 동일하다.

4. 비즈니스 레터

비즈니스 레터는 직장인이 가장 보편적으로 행하는 글쓰기이다. 비즈니스 레터는 말 그대로 사업상의 편지다. 일상생활에서 친구나 가족에게 편지를 쓰듯이 사업상의 이유로 고객이나 단체에 편지를 쓰는 것을 말한다.

개인 사이에서 오가는 일상적인 편지는 대상이 누구냐에 따라 표현이 달라진다. 또한 일상적인 편지는 쓰고 싶은 내용이 있으면 형식에 구애받지 않고 서술하면 된다.

그러나 비즈니스 레터는 일상적인 편지가 아니라 회사의 공식적인 편지다. 사업상의 목적이 있는 만큼 내용은 물론 형식적인 면에서도 나름대로의 격식을 요구한다.

비즈니스 레터에서는 표현도 정중해야 한다. 일반 글에서는 유머나 위트 있는 표현을 사용해도 좋다. 그러나 비즈니스 레터는 단어 하나 잘못 사용했다가 상대의 마음에 상처를 입힐 수 있고 나아가서는 사업상 손해를 초래할 수도 있다. 심지어는 사업을 계속 추진하느냐, 또는 중단하느냐 하는 문제까지 발생할 수 있다. 그러므로 직장인들은 레터라는 이유로 가볍게 생각하기보다 비즈니스 글이란 점을 항상 염두에 둬야 한다.

비즈니스 레터는 형식상 두 가지로 구분된다. 우편을 통해 전달되는 오프라인 레터와 인터넷 이메일로 전달되는 온라인 레터. 현재 두 형태의 레터를 동시에 활용하는 회사가 많은데, 최근에는 온라인 레터의 활용이 부쩍 늘고 있다. 온라인 레터는 일단 사용이 편리하다. 오프라인 레터는 문서 형태로 작성해 인쇄를 해야 하기 때문에 일이 번거로울 뿐만 아니라 전달하는 데에도 비용이 들어간다. 반면에 온라인 레터는 내용만 제대로 작성하면 곧바로 전송이 가능하고 비용 또한 들지 않는 이점이 있다. 그런 이유로 많은 회사가 온라인 레터를 활용하고 있다.

하지만 오프라인 레터를 이용하는 회사들도 여전히 많이 있다. 특히 소비자를 상대로 하는 서비스 업체들은 오프라인 레터를 상당히 선호한다. 오프라인 레터는 온라인 레터에 비해 확인할 확률이 높고 회사의 대외적인 이미지 제고에도 도움이 되기 때문이다. 내용상 서술 방식은 비슷하지만, 오프라인 레터가 온라인 레터보다 더 정성스럽게 쓰여지고 형식상으로도 더 깔끔하게 전달된다. 그러므로 이용상의 편의나 전달 대상에 따라 달리 선택하면 된다.

비즈니스 레터는 내용별로 두 유형으로 구분된다. 하나는 회사의 공적인 내용을 담아내는 경우이고 다른 하나는 고객의 사적인 내용을 담아내는 경우다. 공적인 내용은 주로 회사의 상품 정보나 행사, 또는 불평과 불만 사항을 전달할 때 사용된다. 예를 들어 회사에서 고객을 대상으로 음악회를 개최한다고 하자. 이때에는 음악회를 여는 목적을 비롯해 음악회 날짜와 장소, 음악회 프로그램의 내용에 대한 정보를 고객에게 전달해야 한다. 음악회의 참석 여부는 고객의 선택에 달려 있지만, 대부분의 회사는 공식적인 비즈니스 글을 통해 고객을 초청하는데, 그 글이 바로 비즈니스 레터이다. 사적인 내용의 비즈니스 레터는 고객에게 정보를 요청할 때, 축하나 위로의 뜻을 전할 때, 또는 안부를 묻는 데 사용된다. 특히 고객의 생일이나 기념일 즈음에 축하의 뜻을 전하거나 회사의 사원 모집 결과를 알려줄 때 활용된다.

비즈니스 레터는 다른 비즈니스 글에 비해 비교적 짧고 간단하게 쓴다. 장황한 내용을 담기보다는 핵심적인 내용만을 기술한다. 일상적인 편지는 때때로 사소한 내용까지 담아내지만 비즈니스 레터는 어디까지나 의례적인 성격이 강하다. 그래서 비즈니스 레터는 편지 형식을 띠기는 하지만 정중한 사업 서신이라고 생각하면 된다.

비즈니스 레터는 다양하게 작성된다. 어떤 내용이냐에 따라 구성 방법이 달라진다. 좋은 내용을 담을 때에는 간결하고 짧게 쓰면 되지만 좋지 않은 내용을 담을 때에는 서술적으로 길게 쓴다. 그리고 단순히 정보를 전달할 때에는 중립적으로 전개한다.

비즈니스 레터에는 일반적으로 일반 서술 형식과 초청장 형식이 있다. 일반 서술 형식은 일정한 양식 없이 서술적으로 풀어쓰는 것이며, 초청장 형식은 나름대로 양식을 갖춰 쓰는 것이다. 초청장 형식은 언론의 기사처럼 5W1H를 일목요연하게 드러내는 것이 특징이다.

비즈니스 레터의 일반 서술 형식에는 크게 3단계, 4단계, 5단계의 구성 형식을 취한다. 3단계 구성은 비교적 간단하고 짧은 내용을 담아낼 때 사용하며, 3단계 구성보다 조금 긴 내용을 담아낼 때는 4단계 구성을 쓴다. 4단계보다 추가적인 설명이 필요한 내용을 담아낼 때 5단계 구성으로 한다. 물론 4단계 구성은 3단계와 5단계의 절충적인 형식이다.

비즈니스 레터가 단계적인 구성 형식을 취한다고 해서 일반 글처럼 단락으로 나눠지는 것은 아니다. 비즈니스 레터는 내용이 장황하지 않은 만큼 하나의 단계가 한 문장, 또는 두 문장으로 구성되는 것이 일반적이다. 그리고 비즈니스 레터는 단계적인 구성에 초점을 맞추기보다는 내용에 따른 구성 방식을 알아두면 쉽게 쓸 수 있다.

1) 일반형

비즈니스 레터를 쓸 때에는 축약적인 표현에 대해 많은 고민을 해야 한다. 일반 글을 쓸 때와 달리 비즈니스 레터는 되도록 핵심적인 내용만을 담아내야 한다. 특히 비즈니스 레터 가운데 3단계 구성은 더더욱 간결한 내용 전개가 요구된다.

비즈니스 레터의 3단계 구성은 개인에게 사적인 내용을 전할 때 주로 활용된다. 대표적인 경우가 입사 지원에 대한 좋은 소식을 전할 때이다. 나쁜 결과를 전할 때에는 상대의 실망감을 배려해 작성해야 하지만 좋은 결과를 전할 때에는 단도직입적으로 써도 무방하다. 그리고 나쁜 소식을 전할 때보다 지나치게 정중하게 쓸 필요는 없다. 핵심적인 사항을 진솔하게 구체적이고 간략하게 쓰면 된다.

좋은 소식을 전할 때에는 첫 문장에서 인사치레나 미사여구를 생략하고 바로 용건을 서술하는 것이 이상적이다. 그런 다음 추가 사항을 열거하고, 필요한 전달 사항이 있으면 하단에 쓰면 된다. 예를 들어 "이번 입사 지원에 합격하였음을 알립니다. 오는 10월 8일 예비 소집이 있으니 빠짐없이 참가하기 바랍니다. 예비 소집시 주민등록 등본과 초본을 지참하시기 바랍니다"라는 식으로 전개한다.

불평이나 불만 사항을 전달할 때에도 3단계 구성 형식을 취한다. 이때에는 먼저 불평이나 불만의 원인에 대해 언급하고 문제의 해결책, 또는 바라는 점을 제시한다. 그리고 마지막 부분에 요구사항을 나열한 뒤 정중하고 긍정적으로 마무리하면 된다. 예를 들어 "지난달 주문한 컴퓨터가 보름이 지나도록 도착하지 않고 있습니다. 컴퓨터가 이미 발송되었는지, 배달 과정에서 문제가 생겼는지, 아직 발송되지 않았는지 확인하시고 6월 14일(수요일)까지 그 내용을 알려주시기 바랍니다"라고 서술하면 된다.

4단계 구성은 사원 모집이나 프로젝트 참여에 대한 나쁜 결과를 알릴 때 주로 활용한다. 이때에는 인사치례 없이 시작하는 3단계 구성과는 달리 첫 문장에서 회사에 관심을 보여준 점에 대한 감사의 말을 먼저 전한다. 그리고 편지를 쓰게 된 목적을 구체적으로 열거한 다음 전달 사항이나 협조적인 사항을 정중하게 언급하면서 최종 마무리를 하면 된다. 구체적인 예를 살펴보자.

우리 회사의 보험 설계사 모집에 응해주셔서 대단히 감사합니다. 우선 지원자가 많은 관계로 발표가 늦어진 점에 대해 양해를 구하고자 합니다. 그리고 귀하께서 이번 전형에 통과되지 못한 사실을 알려드립니다. 귀하의 능력과 학력, 경력이 심사위원들에게서 좋은 반응을 얻었지만 우리 회사의 업무 성격상 귀하를 모시지 못하게 되었습니다. 이번 보험 설계사 모집에 지원해주신 점에 대해 다시 한 번 감사드리며 다음에 기회가 또다시 오면 참여해주시기를 기대합니다. 귀하께서 제출한 서류는 이번 주 내에 반송해 드리겠습니다.

이때 상대를 자극하거나 감정적인 표현은 삼가야 한다. 사소한 표현 하나가 상대의 감정을 자극할 수 있고 회사의 이미지를 나쁘게 만들 수 있다. 중립적인 시각에서 상대의 입장을 고려해 쓰는 것이 좋다.

5단계 구성은 가장 보편적인 비즈니스 레터 형식으로, 대개 일상적인 내용을 서술할 때 사용한다. 5단계 구성은 3단계와 4단계 구성과는 달리 첫 부분에 정황을 먼저 설명하고 편지의 목적과 그에 따른 세부적인 내용을 전개한다. 그리고 편지를 쓰게 된 배경에 대해 정리한 다음 마지막으로 요구할 내용을 서술한다.

예를 들어 도서전시회에 참가하고자 하는 레터라면 다음과 같이 쓰면 된다.

올해 서울 무역센터에서 개최되는 '도서전시 박람회'는 한국 도서산업 발전에 크게 기여하는 중요한 행사라고 생각합니다. 귀사에서 주최하는 '도서전시 박람회'에 참가할 수 있는 방법에 대해 문의를 드리고자 합니다. 저희 회사는 어린이 도서를 전문적으로 출간하고 있는 전문 출판사입니다. 이번 박람회를 통해 저희 회사가 그동안 개발한 아동 서적과 회사 홍보를 계획하고 있습니다. 박람회 참가 신청시 필요한 구비서류와 참가 방법에 대한 자세한 자료를 이번 주 금요일(6월 20일)까지 보내주시면 감사하겠습니다.

새로운 상품에 대한 정보 제공이나 설득, 제안을 할 때에도 5단계 구성 형식으로 전개한다. 이때에는 일반적인 내용을 서술할 때와는 조금 다르게 작성한다. 상품 구매에 대한 설득이나 제안을 할 경우에는 우선 상대의 주의를 환기시키는 문구를 먼저 제시하고, 제품에 대한 구체적인 소개와 함께 이를 구입했을 때 제공되는 혜택을 열거한다. 그리고 마지막으로 구매를 유도하는 직접적인 문구를 넣으면 된다. 특히 이때는 담담한 표현을 구사해야 한다. 지나치게 가볍게 표현하면 오히려 거부감을 불러일으킬 수 있다. 그리고 내용은 구체적으로 언급하는 것이 좋다.

다음은 신제품 홍보 전시장을 안내하는 내용의 5단계 구성 형식의 한 예이다.

여름철이 다가오면서 본격적인 냉방 준비가 시작되고 있습니다. 올해는 유가 인상으로 인해 기업과 가정의 냉방비 부담이 커질 것으로 예상됩니다. 우리 회사는 5년간의 연구 개발 끝에 신기술로 20퍼센트 전기를 절약할 수 있는 뉴스타일의 에어컨을 생산하게 되었습니다. 국내의 산업체는 물론 외국에서도 전기 절감 효율성을 인정받았습니다. 설치하기도 쉽고 깨끗한 환경을 보존해주어 시장에서도 좋은 반응을 얻고 있습니다. 제품의 성능과 디자인을 확인하시려면 저희 회사 전시장을 방문해주시기 바랍니다. 다양한 신제품을 돌아볼 수 있고 담당자에게 자세한 상담도 받을 수 있습니다. 전시장의 위치와 연락처는 첨부한 약도를 참고하시기 바랍니다. 우리 회사에 관심을 가져주신 점에 깊이 감사드리며 가까운 시일 내에 만나뵐 수 있기를 기대합니다.

2) 초청장

초청장은 일반 회사에서 가장 흔히 사용하는 비즈니스 레터다. 회사의 행사나 새로운 정보를 알릴 때 활용한다. 초청장은 좀더 엄격한 양식을 갖춰 작성하는 것이 좋다. 초청장 형식으로 글을 쓸 때에는 먼저 제목을 쓰고 본문에서 인사의 말을 간단히 언급한다. 그런 다음 초청의 목적과 부가 사항을 적고, 구체적인 행사의 내용은 본문 하단에 따로 언급한다. 초청장을 쓸 때 하단의 내용을 본문에 함께 열거하는 경우가 가끔 있는데, 그것은 바람직하지 않다. 비즈니스 레터는 한눈에 전체적인 내용을 파악할 수 있어야 한다. 회사의 이미지 관리나 고객 관리 차원에서 사용하는 만큼 고객이 내용을 이해하는 데 어려움을 주어서는 곤란하다.

본문 아래쪽에 행사의 내용을 언급할 때에는 행사의 전반적인 상황에 대해 구체적이고 명확하게 기록한다. 이때에는 반드시 행사의 일시와 장소, 준비 사항의 순으로 전개해야 하며, 일시란에는 연도와 날짜, 요일, 시간까지 정확하게 써야 한다. 장소 또한 정확한 위치를 파악할 수 있도록 상세하게 적어야 한다.

마지막으로는 문서 작성 날짜를 밝혀야 하며, 추가적으로 덧붙일 사항이 있으면 첨부 형식으로 동봉한다. 회사 명의로 발송되는 초청장의 경우에는 회사의 이름과 주소, 연락처를 본문 하단에 적는 것보다는 본문 상단에 적는 것이 더욱 신뢰감을 준다.

비즈니스 레터 작성 때 신경을 써야 할 부분은 전달 방식이다. 그중 우편 전달은 최근에도 많이 활용되고 있다. 다소 번거롭기는 하지만 가장 전통적인 방법이고, 격식을 갖추어 신뢰성을 준다. 팩스 또한 사용되기는 하지만 보편적이지는 않다. 긴급 상황이 아니라면 팩스는 되도록 피하는 것이 좋다.

이메일은 최근 많이 이용되는 방식이다. 이메일로 전달하면 번거롭지 않고 신속하게 처리할 수 있어 많이 선호하고 있다. 특히 이메일은 회사와 고객의 일대일 관계나 고객의 개인적인 관리 차원에서 많이 활용된다. 이메일 전송은 내용을 메일에 직접 적어 보내는 방식과 첨부 파일을 활용하는 방식이 있다. 일반적인 내용일 때에는 메일에 바로 적어 보내면 되지만, 초청장 형식의 레터는 첨부 파일을 사용하는 것이 좋다. 메일의 내용은 오프라인 레터와는 조금 다른 방식으로 작성한다. 오프라인 레터처럼 지나치게 간단하고 무미건조하게 쓰기보다는 메일을 받는 상대에게 초점을 맞춰 내용을 조금 더 풍부하고 친근감 있게 서술하는 것이 좋다. 메일상이라는 이유로 사적인 감정을 드러내는 것은 삼가고, 가능한 한 담담하고 객관적으로 작성해야 한다.

첨부 파일을 활용할 때에는 메일상에서 초청장을 보내게 된 경위에 대해 부분적으로 언급하는 것이 좋다. 이때에는 내용을 조금 간단하게 적고, 행사 참석 여부에 대한 확답이 필요한 경우에는 그 내용을 반드시 적어준다.

그러나 이메일 사용이 편리하다는 이유로 지나치게 남발하는 것은 금물이다. 이메일도 개인 용도로 사용하지 않는 한 공적인 비즈니스 레터의 한 방식이다. 보낼 때 완벽성을 갖추는 것이 중요하다. 여러 번에 걸쳐 보내면 신뢰성을 떨어뜨릴 수 있고 회사의 이미지 또한 나빠질 수 있다. 모든 것은 적재적소에 사용하는 것이 바람직하다.

비즈니스 레터 작성시 주의사항

① 메시지는 정확하게 전달한다
비즈니스 레터는 핵심 내용만 담아내면 된다. 그러면서도 메시지를 빠뜨리지 않고 정확하게 담아내는 것이 중요하다.

② 정중하게 표현한다
비즈니스 레터를 가볍게 여기는 경향이 있지만 엄연히 회사의 공식적인 글쓰기다. 내용을 서술할 때에는 최대한 정중하게 표현한다.

③ 서두의 표현에 주의한다
비즈니스 레터의 서두에는 인사말을 쓰는 것이 일반적이다. 새로운 표현을 사용하기보다는 일반적인 비즈니스 레터의 서두 표현대로 쓰는 것이 무난하다. 예를 들어 "귀사의 무궁한 발전을 기원합니다" 또는 "평소 저희 회사에 베풀어주신 관심과 배려에 깊은 감사를 드립니다"와 같은 표현을 사용하면 된다.

④ 문장의 전개에 신경 쓴다
비즈니스 레터는 간결하게 쓰는 것이 일반적이다. 보통 하나의 비즈니스 레터는 3~5개의 문장으로 이루어진다. 그러므로 쓰고자 하는 내용을 잘 요약해야 하고, 문장의 주어와 서술어가 호응하는지 반드시 확인해야 한다.

⑤ 어려운 단어의 사용은 삼간다

글은 독자가 읽기 쉽고 이해하기 쉽도록 쓰는 것이 원칙이다. 독자가 잘 알지 못하는 고사성어나 한자, 고어투의 표현은 가급적 사용하지 않는다.

[비즈니스 레터]

사례 1

기대와 희망으로 가득한
새해가 밝았습니다

지난 한 해 동안 저희 삼성카드를 아껴주신 삼성그룹 임직원 회원님께 깊은 감사를 드립니다.

저희 삼성카드는 새해를 맞이하여 삼성그룹 임직원 회원님께 보다 나은 서비스를 제공하고자 삼성카드의 우수 서비스와 삼성그룹 관계사 및 국내 우수 제휴사의 서비스를 한 카드에 담은 「삼성 패밀리카드」를 출시하였습니다.

삼성카드의 가장 소중한 고객이신 삼성그룹 임직원 회원님께 남다른 혜택을 드리게 되어 저희 임직원 일동은 매우 기쁘게 생각하며 앞으로도 삼성만의 고품격 차별화 서비스로 항상 모실 수 있도록 노력하겠습니다.

새해에도 회원님의 건강과 행운을 기원합니다.

2006년 1월

삼성카드 대표이사 사장 ○ ○ ○

=> 고객에게 새로 출시된 카드 정보를 간결하게 전달하는 비즈니스 레터다.

[**비즈니스 레터**]

사례 2

계약자 배당안내장을 보내 드립니다...

안녕하십니까?

녹음이 점점 짙어지고 있습니다.
무더위로 지치기 쉬운 계절을 맞아
고객님의 건강관리에 더욱 유의하시기 바랍니다.

고객님께서 보내주신 사랑과 성원에 힘입어
지난 한해 국가 고객만족지수(NCSI) 1위 달성 등
고객서비스 분야에서 괄목할 만한 성과를 거두었습니다만
고객님의 보험계약을 체결했던 당시의 컨설턴트가 변경되어
불편하셨던 점이 있었다고 생각됩니다.

올해로 회사 창립 48주년을 맞이하여
저희 삼성생명의 컨설턴트와 임직원 일동은
「고객섬김」의 경영철학을 항상 실천하고
보다 나은 상품과 고객님의 기대에 부응하는 차별화된 서비스로
더욱 사랑받는 기업으로 거듭날 수 있도록
최선의 노력을 다할 것을 약속 드립니다.

이번 2006년도 계약자 배당안내에 즈음하여
고객님께서 가입하신 보험상품의 계약사항 및 배당금 내역과 함께
부가정보가 담긴 서비스 안내장을 동봉해드리오니
궁금하신 내용은 저희 콜센터(1588-3114) 또는 안내장에 기재된
컨설턴트에게 연락 주시면 성심껏 도와드리겠습니다.

앞으로도 저희 삼성생명에게 애정 어린 관심과 격려를 부탁드리며
고객님의 가정에 늘 사랑과 행복이 가득하시기를 기원합니다.

2006년 5월

⇒ 일반 서술 형식의 비즈니스 레터다. 보험 계약과 관련된 안내장으로 전체 내용을 잔잔하게 담아내고 있다. 문장도 군더더기 없이 깔끔한 편이다.

사례 3

| **미 래 연 구 소** | 우)123-123
서울시 송파구 삼전동 123-12
대표 전화 (02)123-4567~2 |

○○ 심포지엄으로 여러분을 모십니다

 항상 저희 ○○의 활동에 변함없는 관심과 성원을 보내주신 데 대해 진심으로 감사드립니다.
 ○○는 격변하고 있는 국제 경제정세에 대처하고자 그동안 다섯 차례에 걸쳐 심포지엄을 개최한 바 있습니다. 이번에 저희 연구소가 기획한 심포지엄의 주제는 『○○와 함께 하는 홈 디지털』입니다.
 디지털 세계를 선도하는 ○○의 기술력이 실생활에 어떻게 활용되는지 한눈에 확인할 수 있는 자리에 여러분들의 많은 참여 있으시길 바랍니다.

- 다 음 -

● 일   시 : 2006. 4. 27(목) 19:00
● 장   소 : 미래호텔 세미나실
● 주   제 : 『○○와 함께 하는 홈 디지털』

2006년 ○○월 ○○일
○○ 홍길동 소장

※ 심포지엄 일정표는 동봉한 자료를 참고하시고,
 6월 25일까지 참석 여부를 회신해 주시기 바랍니다.

=> 초청장 형식의 비즈니스 레터이다. 비즈니스 글 가운데 공문서 형식을 응용한 구조이다.

5장 실전! 비즈니스 글쓰기
② 내부용 글쓰기

1. 기안서 쓰기

회사의 업무에 대한 협조를 구하거나 의견을 전달할 때 작성하는 기안서는 흔히 사내 공문서로 불린다. 기안서는 비즈니스 메모와 더불어 직장인들이 가장 흔히 작성하는 비즈니스 글이다. 경력 직원은 물론 신입 직원이 작성하는 일도 많다. 따라서 직장인의 공식적인 글쓰기의 기초라고 할 수 있다. 특히 기안서는 회사 외의 공문서와 거의 양식이 비슷하기 때문에 직장인이면 기본적으로 쓸 줄 알아야 한다. 기안서의 작성을 통해 직장인의 글쓰기 능력이 발휘된다고 해도 과언이 아니다. 기안서는 회사 내에서 여러 부서의 결재를 받아야 하므로, 글쓰기 능력이 떨어지면 문제가 생길 수 있다. 기안서 하나로 글쓰기 능력은 물론 업무 능력까지도 평가받을 수 있다.

기안서는 대개 부서에서 작성되는 것이 일반적이다. 부서에서 업무를 추진할 때에는 물론 다른 부서에 업무적인 요청을 하거나 협조를 구할 때에도 기안서를 작성한다. 즉 기안서는 회사의 다른 부서에 업무적인 협조를 구하는 중요한 의사 전달 매체인 것이다. 부서장을 비롯해 관련 부서장의 결재를 받아야 하고 최종적으로 사장의 결재 라인도 밟아야 한다.

기안서는 비교적 간단한 비즈니스 글이지만 내용상으로 볼 때 대단히 중요하다. 업무 추진이나 협조에 대한 내용이 주류를 이루며 항상 보관되는 비즈니스 글이다. 그리고 회사의 업무 전반에 대한 흐름을 짚어낼 수 있는 비즈니스 글이기도 하다.

기안서와 유사한 문서 작성 형태로는 품의서와 업무 연락이 있다. 품의서는 품의를 낼 때 작성하고, 업무 연락은 업무상 다른 부서에 연락이나 협조를 구하기 위해 쓰는 글이다. 품의서나 업무 연락도 기안서 작성에 준해 쓰면 무리는 없다.

그런데 기안서는 대외적인 공문서와는 작성 방식이 조금 다르다. 대외적인 공문서는 회사를 대변하는 성격이 강하지만 기안서는 부서를 대변하는 성격이 짙다. 대외 공문서는 서두, 본론, 결어 부분으로 구성되지만 기안서는 서두와 본문 부분만 있다. 그리고 업무상 기안에 해당되기 때문에 서두 부분의 구성도 조금 다르다. 대외적인 공문서는 회사 또는 기관의 대표자, 수신과 발신 일자를 명기하지만 기안서는 작성자를 중심으로 부서장, 상급자, 그리고 사장에게까지 결재 절차를 밟는다.

기안서의 서두 부분은 문서명과 기안 일자, 문서 번호, 기안 부서, 기안자, 결재란으로 구성된다. 결재란은 부서장에서부터 관련 부서장, 결재가 필요한 회사의 상급자 순으로 구성된다. 그리고 본문은 제목과 내용, 첨부물의 표기로 구성된다.

기안서는 회사마다 대개 정해진 양식이 있으므로 양식에 따라 내용을 전개하면 된다. 그러나 일부 직장인은 기안서 작성에도 어려움을 겪는다. 어떤 내용을 어떤 방식으로 전개해야 할지 몰라 선배 직장인에게 물어보는 경우도 꽤 있다. 하지만 기안서는 작성 요령만 제대로 익히면 쉽게 작성할 수 있다. 다른 비즈니스 글처럼 기안서도 요약적인 내용을 담아내는 것이 기본이다. 내용을 잘 요약하고 문장의 표현이나 단어 사용에 신경 쓰면 좋은 기안서를 작성할 수 있다.

기안서의 양식은 한눈에 문서 작성 일자와 작성자, 결재 사항, 문서의 내용을 파악할 수 있어야 한다. 문서를 접했을 때 일목요연하지 않고 내용 파악이 어렵다면 문제가 있다. 물론 회사 자체의 양식이 있으면 그 양식을 따르는 것이 좋다. 기안서의 양식은 회사마다 다르지만 문서에 포함되는 항목이나 내용은 비슷하다.

기안서의 서두 부분은 일반 공문서와 다르다. 일반 공문서는 서두 부분에 발신기관명, 주소, 전화번호, 팩스번호, 문서번호, 수신란이 있지만, 사내 공문서에서는 발신기관명과 주소, 전화번호, 팩스번호가 생략되고 수신란도 없다. 그 대신 기안 부서와 기안자, 결재란이 들어 있다. 특히 사외 공문서의 발신기관명에 해당하는 자리에는 '기안서', '품의서', '업무 연락' 등의 문서명이 적혀 있다. 문서명 하단에는 기안 일자와 문서 번호, 기안 부서, 기안자 순으로 내용이 전개되고, 측면에는 협력 부서와 문서의 결재란을 팀장에서 최상급자 순으로 박스 처리해 결재한다.

기안 일자에는 연도와 월, 일을 정확하게 적고, 문서 번호는 문서 생산 팀명과 생산 연도, 분류 번호, 문서 발생 순서의 기호를 사용해서 적는다. 예를 들어 '총무 제05120-007호'에서 '총무'는 팀명이고 '05'는 문서의 생산 연도를 표시한다. '120'은 문서 분류 체계에 따른 번호이며 '007'은 문서의 발생 순서를 나타낸다. 기안 부서와 기안자에는 문서 생산 부서와 문서 작성자의 이름을 적으면 된다.

본문은 제목과 본문, 첨부물로 구성된다. 제목은 문서 작성의 목적을 기술하는 것이 일반적이다. 예를 들어 '뉴스레터의 발행 경비 지원 요청의 건' 또는 '인사 발령 통지의 건' 식으로 기술한다. 제목은 될수록 간결하고 함축적으로 달아 한눈에 어떤 문서라는 것을 파악할 수 있게 한다. 본문은 전체를 서술 형식으로 써내려가지 말고 항목별로 구분해 작성한다. 첫 항목에서는 일반적인 인사말을 생략하고 곧바로 용건으로 들어간다. 그 다음 핵심 내용을 적고 마지막으로 문서상의 요구사항을 서술한다. 내용이 다소 길 때에는 항목을 추가하는 것이 좋다.

본문 내용이 많거나 복잡할 경우에는 본문 마지막에 한 줄 띄고 '아래' 또는 '다음'이란 단어로 구분해 일목요연하게 항목별로 서술한다. 그리고 첨부물이 있을 때에는 마지막 부분에 한 줄 띄고 '첨부' 또는 '별첨'이라고 쓴 뒤 첨부물의 문서명이나 제목을 기술한다. 이 역시 간략하고 함축적인 문구로 표기해야 한다. 첨부물의 기술이 끝나면 마지막으로 내용 종결을 의미하는 '끝' 자를 반드시 덧붙이고 '끝' 자 다음에는 마침표(.)를 찍어야 한다.

기안서를 쓸 때 우선적으로 고려해야 할 사항은 양식에 맞춰 쓰는 것이다. 기안서 작성이 서투르다면 기존의 기안서를 참고하는 것도 한 방법이다. 어떤 내용을 담아낼 것인지 구체적으로 정하고 항목별로 정리한다. 만약 바로 서술하기가 어렵다면 메모지나 연습장에 항목 내용을 먼저 서술해본다. 그리고 나서 구체적으로 문장을 다듬어 나간다. 또한 기안서는 간단한 내용을 핵심적으로 언급하는 만큼 문장의 논리적인 전개에도 신경을 써야 한다. 기안서의 문장이 어법적으로 맞지 않으면 개인적인 능력 문제로 치부될 수 있다.

> **기안서 작성시 주의사항**
>
> ① 한 장에 담아내는 것이 원칙이다
> 　기안서는 일반적으로 A4 한 장에 모든 내용을 담아내는 것이 원칙이다. 만약 한 장에 전체 내용을 담아내지 못한다면 기안서로서 제 구실을 할 수 없다. 가능한 한 간단하고 명료하게 작성하는 것이 좋다.
>
> ② 핵심적인 내용만을 적는다
> 　기안서는 최대한 간략하게 써 핵심 내용을 전달하는 글이다. 글에서 주장하고자 하는 것이 무엇인지를 정확히 파악하고 구체적으로 전개하는 것이 중요하다.
>
> ③ 정확한 양식을 사용한다
> 　기안서는 회사 고유의 양식에 따라 정확하게 작성하는 것이 좋다. 일반적으로 기안서의 양식은 A4용지를 기준으로 하는데, 상하좌우에 여백은 반드시 둬야 한다. 기안서의 여백은 상단이 3센티미터, 하단은 1.5센티미터, 좌 2센티미터, 우 1.5센티미터씩 두는 것이 원칙이다. 문서명은 상단의 3cm 아래에 기술하고 크기는 20~22포인트로 잡는 것이 적당하다.

④ 제목은 눈에 띄게 한다

    기안서의 주목도를 높이려면 제목을 눈에 띄게 해야 한다. 그러려면 글자체를 달리하는 것이 좋다. 본문에서도 강조할 부분이 있으면 글자체를 바꿔준다.

⑤ 날짜를 언급할 때에는 연, 월, 일을 생략한다

    기안서의 본문에서 날짜를 언급할 때에는 연과 월, 일이라는 글자를 생략한다. 대신 숫자 표기를 하는 것이 원칙이다. 예를 들어 2005년 7월 1일은 2005. 07. 01.로 한다. 시각 표기도 24시각제로 하며 시와 분이란 말을 생략한다. 예를 들어 오전 9시와 오후 5시는 09:00와 17:00로 표기한다.

⑥ 항목의 구분에도 신경 쓴다

    기안서는 항목을 구분해 문장으로 전개한다. 이때 항목 구분을 분명히 하지 않으면 읽는 사람이 혼란스러울 수 있다. 항목을 쓸 때 첫째 항목은 1, 2, 3, 둘째 항목은 가, 나, 다, 셋째 항목은 1), 2), 3), 넷째 항목은 (가), (나), (다), 다섯째 항목은 (1), (2), (3)의 순으로 전개하는 것이 원칙이다.

[기안서]

기 안 서

기안일자	2005년 7월 10일	협조부서	담당	팀장	부서장	사장
문서번호	○○제0502-10호	총무부				
기안부서	편집부	경리부				
기 안 자	이 순 신	인사부				

제 목 뉴스레터 발행의 건

  1. 우리 회사 직원들의 원만한 커뮤니케이션과 대외 이미지를 재고하기 위해 뉴스레터를 발간하고자 합니다.

  2. 뉴스레터는 홍보지와는 달리 새로운 정보와 소식지로서의 역할이 기대되오니 다음의 사항을 검토하시고 재가해주시기 바랍니다.

- 다 음 -

가. 제호 : 아름다운 나라
나. 판형 : 140×210mm
다. 페이지 : 32쪽
마. 출간 예정일 : 2006. 10. 1

붙임 견적서 1부. 끝.

=〉 뉴스레터 발간에 관한 기안서다. 일반 회사에서 자주 사용하는 기안서이다. 내용을 간단하게 핵심적으로 담아내고 있다.

2. 기획서 쓰기

기획서는 비즈니스 글 가운데 체계적인 글쓰기에 속한다. 기획서는 일반 비즈니스 글과는 달리 글의 분량이 많을 뿐만 아니라 깊이 있는 내용을 담아내야 한다. 적게는 10여 장, 많게는 100장이 되는 경우도 있다. 기획서는 회사의 업무를 추진하는 데 상당히 중요한 글이다. 사업의 확장이나 업무 개발, 기술 개발, 제품 개발과 생산에 이르기까지 중요한 일에는 반드시 기획서가 작성되고, 대외적으로 업무를 추진하는 데에도 핵심적인 역할을 한다.

예를 들어 외부 사업을 추진하고자 할 때에는 대부분 공개 경쟁 방식을 채택한다. 사업 주체측에서는 여러 회사에서 낸 기획서를 검토해 최종 결정을 내린다. 이때 기획서를 얼마나 정확하게 잘 작성했는가, 얼마나 설득력 있고 체계적으로 작성했는가에 따라 일의 성패가 결정된다. 때문에 기획서는 회사의 경영과 직결된다. 좋은 기획서를 써 사업을 따내면 회사의 실적이 올라가지만, 사업을 따내지 못하면 경영상 어려움을 겪는 경우도 있다. 그런 점에서 기획서는 회사의 운명을 결정짓는 비즈니스 글이다.

기획서는 하나의 프로젝트나 계획을 글로 담아낸 문서를 의미한다. 어떤 프로젝트에 대한 생각이나 의견을 드러낸 비즈니스 글이다.

기획서는 어떤 내용을 중심으로 서술하는가에 따라 제안서와 계획서, 의견서로 구분한다. 제안서는 사업이나 업무의 제안을 내용으로 하는 글이고, 계획서는 사업이나 업무, 활동의 계획을 담아내는 글이다. 의견서는 사업이나 업무에 대한 생각이나 의견을 담아내는 글이다. 그러나 이들 글은 큰 차이가 없다. 일부 회사에서는 동일한 내용을 명칭만 달리해서 표현하는 경우도 있다. 글 쓰는 방식이나 내용 전개도 거의 비슷하다. 때문에 기획서란 이 모든 글을 통칭하는 것이 일반적이다. 결국 제안과 계획, 의견 중 어느 쪽에 무게 중심을 두느냐에 따라 구별은 되지만 기획서로 일괄해서 적용하는 것이 글쓰기에 도움이 된다.

기획서는 상당히 분석적이고 체계적인 글이기 때문에 작성하는 데 적지 않은 시간이 든다. 비즈니스 레터나 공문서와 달리 기획서는 나름대로 충분한 정보와 자료를 수집해야 하고 수집한 내용을 다시 글로 서술해야 한다.

정보와 자료의 수집 또한 만만치 않다. 문서 자료뿐만 아니라 현장 방문이나 다른 회사의 자료도 참고로 활용해야 하는 경우도 있다. 그래서인지 기획서는 신입 사원이 작성하는 일은 그리 많지 않다. 어느 정도 직장 경력이 있고 능력도 있어야 부분적으로 가능하다.

기획서 작성은 우선 무엇을 기획할 것인지가 분명히 정해져야 한다. 마케팅에 대한 기획서인지, 회사 경영에 관한 기획서인지, 아니면 홍보에 관한 기획서인지가 명확해야 한다. 그 다음으로 기획의 내용에 대한 정확한 상황 분석이 동반되어야 한다. 이렇게 기획서의 방향이 결정되면 관련 정보와 자료를 수집한다.

기획서 자료를 수집할 땐 기본적인 자료를 일차적으로 수집한다. 그런 다음 전문적인 자료와 실무 자료를 모아야 한다. 실무 자료를 수집할 때에는 업계 현황이나 동향 등 전반적인 내용을 확보해야 한다. 물론 자료는 꼼꼼히 수집해야겠지만 그렇다고 지나치게 방대한 자료를 수집하는 것은 좋지 않다. 지나치게 방대한 자료를 수집해놓으면 애초에 의도한 내용을 정확하게 전개하는 데 방해가 될 수도 있다. 그러므로 자료 수집을 할 때에는 어느 선에서 마무리할지 염두에 두어야 한다.

자료 수집이 끝나면 자료를 충분히 검토하고 분석해서 컨셉을 이끌어낸다. 컨셉을 정할 때에는 글을 쓰는 사람의 입장보다는 글을 읽는 사람, 기획서의 전달 목표가 되는 사람의 관심에 맞춰 도출하는 것이 좋다. 이때 기획서의 핵심 사안이 무엇인가를 명확히 파악해야 한다. 물론 글을 쓰는 사람이 일방적으로 컨셉을 도출하면 기획서의 효과를 반감시키는 결과를 가져올 수 있다.

컨셉 구상이 어느 정도 끝나면 기획서의 기본 구성을 정한다. 어떤 내용을 어떻게 전개할 것인가, 또는 어떤 부분을 어디에 배치할 것인가, 글의 순서는 어떻게 정할 것인가 등의 기본적인 구상을 한다. 그리고 난 다음 글쓰기를 시작한다. 특히 기획서는 장황하고 긴 내용을 담아내기 때문에 기본적인 글의 구성을 고려하지 않은 채 쓰면 글쓰기가 효율적이지 못하고 나중에는 방향 감각을 잃어 글을 완성하는 데 문제가 생긴다.

기획서 작성에서 제일 먼저 신경을 써야 하는 부분은 글의 구성이다. 글의 구성 가운데 항목을 어떻게 도출하느냐 하는 문제도 있다. 기획서는 어떤 내용을 전개하느냐에 따라 글 구성과 방식이 달라진다. 항목을 설정할 때에는 기획자의 일방적인 견해에 따르기보다는 상대의 입장을 고려해야 한다. 상대 쪽에서 읽어봤을 때 궁금해 하고 필요로 할 항목을 염두에 두는 것이 좋다. 예를 들어 사업 기획서인 경우에는 사업의 개요와 현황이나 법률적 사항, 사업 분석과 수익 창출, 향후 사업 방향에 대한 구체적인 항목을 도출해야 한다. 마케팅 전략에 관한 기획서인 경우에는 마케팅 전략의 포인트와 업계의 상황, 마케팅 내용과 분석, 효과에 대한 항목의 설정이 필요하다. 이들 항목은 서로 유기적인 관계를 지녀야 하고, 항목의 제시어만 보아도 기획서의 내용이 한눈에 파악할 수 있어야 한다.

항목의 순서는 역피라미드형을 취하는 것이 좋다. 먼저 어떤 내용의 기획서인지를 제시하고 그 내용에 따른 부가적인 항목을 전개하되 중요한 항목부터 덜 중요한 항목의 순서대로 나열한다. 예를 들어 사업 기획서는 먼저 사업의 개요와 사업 현황 분석, 사업 전략, 조직의 구성과 소요 예산, 그리고 향후 단계별 사업 추진 계획으로 구성하면 된다.

본문 내용은 구체적이고 현실적이어야 한다. 추상적이거나 막연한 공상에 지나지 않는다면 기획서로서의 가치를 상실한다. 기획의 정확한 내용과 목표, 문제점에 대한 파악이 전제되어야 한다. 기획서는 아무리 열심히 쓰려고 해도 상황에 대한 정확한 분석이 전제되지 않으면 알맹이 없는 글이 된다. 다른 모든 글과 마찬가지로 쓰고자 하는 내용을 정확히 파악하고 있어야 좋은 기획서를 생산할 수 있다.

콘서트 기획서를 예로 들어보자. 먼저 콘서트의 개요에 대해 언급한다. 이 부분에서 콘서트의 개괄적인 내용을 전개한다. 어떤 콘서트인지 서술하고, 콘서트 장소와 시간, 날짜를 상세히 제시한다. 그 다음 기획의 취지와 목적에 대해 구체적으로 언급하고 콘서트의 내용을 서술한다. 이때 콘서트를 어떤 식으로 구성하며 출연진은 누구로 할지도 나열한다. 그 다음에는 콘서트의 홍보에 대한 내용을 서술한다. 구체적으로 어떤 매체에 어떤 식으로 홍보할지에 대한 내용이 담겨야 한다. 그리고 지출 예산과 예상 수익에 대한 분석도 적는다. 이때 서술적으로 설명하고 난 다음에는 도표를 활용해 한눈에 내용을 파악할 수 있게 하는 것도 중요하다. 예상 수익의 경우도 마찬가지다. 그 다음 콘서트 개최를 위한 추진 일정표를 나열하고, 이어서 회사 소개를 한다. 회사 소개에는 대외 지명도와 실적, 인력 구성에 대해서도 구체적으로 서술하는 것이 좋다. 마지막으로 콘서트 기획과 관련된 추가 자료나 참고할 부분을 덧붙인다.

   기획서 작성이 끝나면 다듬기를 해야 한다. 다듬기를 할 때에는 먼저 글 전체의 구성에 대해 살펴본다. 흐름이 원만한가, 내용상 단절된 느낌은 주지 않는가를 확인한다. 그 다음 문장과 단어의 표현을 점검한다. 비문은 없는지, 정확한 의미 전달이 되고 있는지, 장문과 단문이 적절히 어우러졌는지를 확인한다. 오자와 탈자는 없는지, 단어가 정확하게 사용되었는지도 검토한다. 물론 자료는 정확하게 인용되었는지, 자료의 출처가 명기되었는지도 확인해야 한다.

   마지막으로는 기획서를 효과적으로 전달하기 위해서는 부분적으로 편집을 해야 한다. 이미지를 적절히 활용해도 좋고, 문장의 핵심 단어는 글자체를 달리해 부각시킬 필요가 있다. 필요한 경우에는 표나 그래프, 차트를 넣는다. 물론 이때에는 수치나 단위가 일목요연하고 정확해야 한다. 이처럼 기획서는 분량도 많고 내용 또한 전반적인 사항을 아울러야 하기 때문에 전체적인 흐름을 먼저 잡는 것이 무엇보다 중요하다. 처음에는 전체적인 흐름에 따라 기본적인 초안을 작성해보는 것이 좋다. 그리고 난 뒤 수정과 보완 작업을 거쳐 완성하면 무난하다.

기획서 작성시 주의사항

① 핵심 메시지가 정확히 도출되었는지를 확인한다

무엇을 위한 기획서인지 확실한 메시지가 도출되어야 한다. 기획 내용이 불명확하고 구체성이 결여되었다면 문제가 있다. 기획서는 새로운 사업이나 업무를 추진할 때 작성되므로 새롭고 참신한 내용이 담겨야 한다.

② 상대의 상황을 고려해 작성한다

기획서는 회사 업무상 상당히 중요한 글이다. 기획서 하나에 사업의 사활이 걸려 있다고 해도 과언이 아니다. 기획서는 상대에게 어필해 상대가 채택하게끔 설득력을 갖춰야 한다. 상대가 어떤 기획을 요구하는지, 어떤 방법이 새롭고 독창적인지를 간파해 작성하는 것이 기본이다.

③ 목차 구성에 신경 쓴다

글의 내용은 한눈에 파악할 수 있게 한다. 기획서는 많은 분량의 내용을 서술하는 만큼 목차의 구성이 혼란스러워서는 안 된다. 목차를 통해 어떤 내용을 어떤 식으로 담아냈는지를 정확하게 파악할 수 있게끔 하는 것이 좋다.

④ 핵심 내용의 표현에 신경 쓴다

기획서는 많은 내용을 담아내므로 핵심 내용을 전달하기란 쉽지 않다. 중요한 내용이나 문구를 글자체를 달리해 눈에 띄게 하는 것이 좋다. 필요할 경우 밑줄을 긋기도 한다. 하지만 전체적으로 도표나 그래프가 많이 사용한 경우 밑줄을 긋는 것은 혼란을 주므로 피한다.

⑤ 표와 그래프가 제대로 도출되었는지 확인한다

기획서에는 내용의 효과적인 전달을 위해 표나 그래프를 활용하는 경우가 있다. 이때 내용이 정확하게 도출되었는지, 표와 그래프 구성이 정확한지 확인한다.

⑥ 파워포인트 작성에도 신경 쓴다

발표나 설명을 위해 기획서를 파워포인트로 만들어야 하는 경우도 있다. 이때 글의 흐름이 자연스러운지도 확인한다. 파워포인트 작성의 원칙을 지키고 문장 표현은 단문을 사용하되 레이아웃이나 글자체가 일관성이 있어야 한다.

⑦ 깨끗하고 산뜻하게 만든다

기획서는 많은 내용을 담아내는 만큼 전체적으로 깨끗하고 산뜻한 느낌을 줄 수 있도록 신경 써야 한다. 되도록이면 항목별 글자체는 통일시킨다. 본문의 글자체 역시 통일시켜 안정감을 주는 것이 좋으며, 기획서 용지에는 어느 정도 여백을 둔다.

⑧ 제출하기 전에 충분히 재검토한다

기획서는 완벽하게 작성해야 한다. 특히 사외용 기획서는 회사의 얼굴이고 회사의 운명과도 직결된다. 사소한 실수 하나도 용납될 수 없다. 따라서 완벽하게 기획서를 작성하고 제출하기 전에는 충분히 재검토를 한다.

⑨ 인용한 자료의 출처가 정확한지 확인한다

기획서 작성에는 많은 자료를 참고하게 된다. 인용한 자료의 출처는 반드시 밝히되 그것이 정확한지도 확인한다.

[**기획서**]

2005년도 통계청
혁신우수사례[BP] 경진대회 계획[안]

1. 개최 배경
2. 추진 방향
3. 추진 일정
4. 사례 제출 및 심사
5. 혁신우수 사례 발표
6. 행정 사항

2005. 8.

혁 신 인 사 과

1. 개최배경

○ 혁신우수사례(Best Practice) 발표대회를 통하여 우리청 혁신우수사례를 공유하고 벤치마킹을 유도함으로써 혁신분위기를 확산 시키고자 함

○ 통계청의 우수정책 사례와 행정서비스 사례를 발굴함으로써 국민이 직접 정부혁신을 체감할 수 있도록 혁신성과의 가시화를 도모 하고자 함

○ 또한 금년도 우리청에서 추진 중인 혁신과제의 실행을 촉진하고 확산하는 계기를 마련하고자 함

2. 추진방향

○ 각 국 및 소속기관(교육원, 지방청 및 사무소)별로 혁신사례를 자체 발굴하고, 발굴된 자체사례를 중심으로 내·외부 전문가들의 평가를 거친 후 혁신우수사례를 선정 함

○ 선정된 혁신우수사례는 자체경진대회를 통해 발표대회와 포상 실시 함

○ 또한 혁신우수사례는 통계청 혁신우수사례집 발간을 통해 혁신교육 및 학습, 그리고 혁신홍보 자료로 적극 활용할 예정 함

○ 최우수작 2편에 대해서는 9월에 있을 중앙부처 혁신우수사례 경진대회에 출품 함

[기획서]

3. ~~대회~~일정 (추진)

추진 절차	일정	주요 추진사항
우수사례 발표대회 실시계획 수립	8월초	■ 대회 실시계획 수립·통보
부서별 우수사례 선정 제출	8.16 (화)	■ 부서별 우수사례 선정 제출 - 각 국 및 교육원 2건 - 지방청 및 사무소 2건 - 총무과 및 각 팀 1건
우수사례 심사 (1, 2차)	8.22 (월)	■ 『우수사례 심사위원회』 구성, 서면심사 - 1차 심사 (내부직원) - 2차 심사 (국장 및 외부전문가)
우수사례 발표대회 개최	8.30 (화)	■ 우수사례 발표 및 시상 - 청·차장, 국·과장, 소속기관장 및 각 부서 참관직원 참석 - 우수사례 발표 및 포상 - 중앙부처 우수사례 발표대회 참가 (1~3건)
중앙부처 우수사례 발표대회 참가	9.30	■ 우리 청 추천 우수사례 발표 - 중앙부처 우수사례 선정시 발표대회 참가

4. 사례제출 및 심사

○ 사례 제출
　- 각 국 및 소속기관(교육원, 지방청 및 사무소) : 2건
　- 총무과 및 각 팀 : 1건
　- 8. 16(화)까지 혁신인사과로 제출
　※ 사례제출 양식은 별첨 1 참조

○ 심사과정
　- 1차 심사(서면심사) : 2005. 8. 18.(목)
　　각 국별 추천자와 혁신인사과 담당자들로 구성된 『우수사례(BP) 심사위원회』에서 심사 : 8건 선별
　- 2차 심사(서면심사) : 2005. 8. 22.(월)
　　각 국장 및 외부전문가들로 『우수사례(BP) 심사전문가위원회』를 구성 세부 심사를 통해 혁신우수사례를 선정 : 4건을 선정

○ 심사방법
　- 심사기준에 따른 "서면심사표"를 제작, 심사점수와 순위를 부여
　※ 심사기준은 별첨 2 참조

○ 심사결과 종합
　- 우수사례는 2차 심사를 거쳐 최우수(2), 우수(2) 혁신사례로 선정
　- 혁신우수사례는 발표회를 가지고 나머지 우수사례는 대회 당일 포상

[기획서]

5. 혁신우수 사례 발표대회

○ 개최시기 : 05(2005). 8. 30(화)
○ 개최장소 : 후생동 대강당
○ 주   관 : 혁신인사과
○ 참가대상 : 혁신우수 사례 4건(본청 2건, 소속기관 2건)
○ 발표방식 : 파워포인트를 활용한 프레젠테이션 원칙
    - 필요시 동영상, 슬라이드, 공연, 연극 등 적극활용 가능
    - 단, 발표형식에 상관없이 시간 엄수(10분)
      는 10분으로 제한함(시간엄수)

6. 행정사항

○ 각 국에서는 2005. 8. 12(금)까지 우수사례 심사위원을 2인 추천해주시기 바람
○ 각 국 및 소속기관(교육원, 지방청 및 사무소)에서는 2005. 8. 16(화)까지 우수사례를 혁신인사과로 제출해 주시고 바람
○ 우수사례 제출 부서 및 입상사례에 대해서는 개인별·부서별 혁신마일리지를 대폭 부여할 예정 함

=> 통계청의 혁신우수 사례 경진대회의 기획서다. 행사의 배경과 일정, 내용을 간략하게 담아내고 있지만 표현에 있어서 수정이 필요하다.

3. 보고서 쓰기

　보고서는 말 그대로 하나의 사안이나 상황에 대해 보고하는 비즈니스 글이다. 보고서는 업무를 추진하거나 현장 출장을 가게 될 때 으레 작성된다. 대개 일의 진행 상황이나 제안, 현황 분석을 내용으로 한다. 가벼운 일상적인 보고는 구두로 하기도 하지만 중요한 내용은 반드시 문서로 한다. 보고서는 업무상의 추진 내용이나 사안, 상황에 대해 정확한 내용을 담아내는 것이 핵심이다. 때문에 보고서는 회사에서 중요한 의사 결정을 할 때 주요 자료가 된다. 상사가 업무를 파악하거나 추진하려고 할 때 대부분 보고서의 내용을 토대로 한다. 회사의 사업 역시 보고서를 통해 추진하거나 진행하는 경우가 많다.

　보고서는 일반적으로 업무 보고서와 출장 보고서, 현장 보고서로 구분된다. 업무의 진척 상황을 적는 업무 보고서는 부서나 회사의 업무 진행과 관련해 중요한 역할을 한다. 출장 보고서와 현장 보고서 또한 업무의 현황 파악이나 실태 조사, 또는 상황 판단의 핵심 자료가 된다.

보고서는 내용에 따라 글의 구성은 물론 깊이와 양도 달라진다.

업무 보고서의 경우는 작성 시기에 따라 일일 보고서와 주간 보고서, 월간 보고서, 연간 보고서로 구분하기도 한다. 이중 연간 보고서는 한 해의 전체적인 회사 운영과 업무상의 실태를 보고하는 것이 일반적이다.

일일 보고서나 주간 보고서는 월간 보고서나 연간 보고서보다 보고하는 내용이 비교적 간단하고 분량도 적다. 일일 보고서나 주간보고서는 일정한 형식을 갖추기보다는 간단한 메모 형식을 취하게 된다. 월간 보고서는 일일 보고서와 주간 보고서의 내용을 종합하는 성격이 강한데, 모든 내용을 서술하기보다는 핵심적인 사항만을 요약적으로 담아낸다. 연간 보고서 또한 월간 보고서의 총체적인 내용을 담아내지만 연초 계획에 대해서도 서술한다. 그러다 보니 연간 보고서는 연초 계획과 연말의 추진 사항을 비교 평가하는 내용이 되는 경우가 많다.

현재 일부 회사에서는 '한 장에 하나의 안건(one page one proposal)'을 강조하지만 중요한 업무나 해외 출장 보고서 등을 한 장 분량으로 작성하기란 쉽지 않다. 이때에는 기획서처럼 세부적인 구성을 취하며 깊이 있는 내용을 담아내야 한다. 특히 내용 전개에서 부분적으로 분석하거나 종합적인 평가를 서술할 필요가 있다.

보고서는 종류별로 내용적인 차이는 있지만 글 구성에서는 거의 비슷한 형식을 취한다.

회사에서 쓰는 보고서는 대학에서 흔히 쓰는 학술적인 소논문 형식을 취하는 경우가 대부분이다. 있는 사실을 객관적으로 서술하기보다는 주장이나 판단을 제시해야 하고 전체 글의 전개도 논리적이어야 한다. 보고서를 쓸 때에는 제일 먼저 어떤 종류의 보고서인지 정확히 파악해야 한다. 업무 보고서, 현장 방문 보고서, 출장 보고서 등은 내용에 따라 자료 조사나 자료 탐색 방법, 글 쓰는 방법이 조금씩 다르기 때문이다.

제대로 된 보고서를 작성하려면 사전에 철저한 준비를 해야 한다. 업무 보고서를 작성할 때에는 업무에 대한 사전 지식과 정확한 파악이 필요하고, 현장 보고서일 때에는 현장 방문에 대비한 조사가 선행되어야 한다. 출장 보고서를 작성할 때에도 출장의 목적과 내용을 정확히 파악하고 있어야 한다. 현장 보고서와 출장 보고서를 작성하기 위해서는 떠나기 전에 기본적인 자료를 수집해서 사전 지식을 갖추어야 한다. 사전 지식이 없으면 현장을 방문하더라도 정확한 내용을 파악하기가 쉽지 않다. 해외 출장을 갈 때에도 출장의 목적을 제대로 알고 그와 관련된 사전 자료를 조사해 어느 정도 정보를 축적해야 한다. 그런 기본적인 지식이 없으면 현장에서 벌어지고 있는 일에 대해 정확하고 구체적으로 이해하기 어렵다. 그러다 보면 글을 쓸 때에도 핵심적인 내용을 끌어내기가 쉽지 않다. 이처럼 보고서도 기본적인 자료 조사와 지식이 어느 정도 전제되어야 제대로 생산할 수 있다.

현장 방문이나 출장을 가서는 이것저것 보고 듣고 자료를 모으면서 주어진 상황이나 조건 등을 정확히 파악하는 것은 물론 어떤 자료를 어떤 식으로 적용할지 고민해야 한다. 아무런 생각 없이 지내다가는 글을 쓸 때 알맹이 없는 글을 생산하기 쉽다.

글을 쓸 때에는 우선 전체 글의 윤곽을 잡고 항목별로 구성한다. 어떤 내용을 어디에 전개할 것인지를 구상하는 것이 첫번째 과제이다.

　보고서는 대개 표지와 목차, 본문으로 구성된다. 표지에는 제목과 작성자의 부서와 이름을 적고, 목차에는 보고서의 전체 내용을 개괄적인 항목으로 정리한다. 항목은 한눈에 어떤 내용인지를 명확히 알아볼 수 있도록 한다.

　보고서의 본문은 어떤 보고서냐에 따라 다르지만 대개 서론과 본론, 결론으로 구성한다. 서론에서는 보고서의 개괄적인 내용을 적는다. 현황과 문제 제기, 보고서 작성 배경, 조사 방법, 기존의 조사 결과에 대해 대략적으로 서술한다. 서론의 내용은 짧고 간략해야 한다.

　본론에서는 핵심 내용을 담아낸다. 내용이 많지 않을 경우에는 개별적인 항목만 사용해도 무방하지만 내용이 많거나 상세하게 전개할 필요가 있을 때에는 하위 항목을 만들어 전개하는 것이 좋다. 필요하다면 표나 도표를 작성해도 좋으며, 전체적인 내용을 일목요연하게 담는다. 본론은 핵심적인 내용을 먼저 쓰고 핵심적이지 않은 부분은 나중에 전개하는 것이 글 구성상 이상적이다.

　물론 본문에서는 기본적으로 깊이 있는 내용을 분석적으로 기술해야 한다. 이때에는 개인의 주장이 아니라 상황의 분석이나 현황에 대한 정확한 검토와 판단이 전제되어야 한다. 내용의 구성은 항목별로 전개해도 좋고, 전체 내용을 서술적으로 담아내는 것도 무방하다. 보고서의 내용에 따라 달리 서술하면 된다. 물론 한 장의 보고서를 요구할 때에는 핵심적인 내용만을 담아내야 한다.

　결론은 전체 내용에 대한 요약적인 성격이 강하다. 본론에서 언급된 내용을 요약하고 앞으로 나아가야 할 방향에 대해서 서술한다. 마지막으로 기타 참고문헌이나 필요한 사항이 있으면 추가한다.

그러나 보고서는 서론과 본론, 결론 형식의 학술적인 논문 형식보다는 보고의 목적과 내용, 앞으로의 과제 형식으로 구성하는 것이 이상적이다. 예를 들어 출장 보고서의 경우에는 보고서의 목적과 활동 내용, 기존 활동과의 차이점, 활동의 의의와 앞으로의 활동 방향 순으로 구성한다. 연구 보고서는 연구의 목표와 범위를 우선 제시하고 연구에 대한 상황 분석이나 연구의 핵심 내용, 연구에 대한 제안과 앞으로의 지향점을 드러내는 형식으로 구성하면 된다.

보고서 작성시 주의사항

① 핵심 내용을 구체적으로 도출한다

보고서는 업무 진행 과정에서 쓰는 경우가 대부분이다. 이때 무엇을 도출하고자 했는지 핵심적인 사안을 구체적으로 제시해야 한다. 보고서의 목적에 맞게 명확하게 작성한다.

② 내용의 중복은 피한다

긴 글을 쓰다 보면 내용이 반복되는 경향이 있다. 보고서는 특히 간결하고 핵심적인 내용의 도출이 우선이다. 그런데 내용을 반복하다 보면 간결성이 희석되고 만다. 보고서는 최대한 논리적이고 핵심적인 내용을 효과적으로 담아내는 것이 중요하다.

③ 상사의 질문에 대비한다

보고서는 업무상 상사 또는 회사에 제출하는 비즈니스 글이다. 내용상 궁금한 점은 반드시 질문을 받게 된다. 질문에 대답할 수 없는 내용은 언급하지 않는 것이 좋다. 특히 보고서는 항상 상대의 질문을 의식하면서 써야 한다. 상대가 궁금해 할 내용이 무엇이며, 어떤 질문이 가능하고, 그것에 대해 정확하게 답변할 수 있는가를 고려해야 한다.

④ 산뜻하고 간결하게 작성한다

모든 비즈니스 글의 첫째 조건은 산뜻한 느낌을 주어야 한다는 것이다. 문장도 간결하게 쓰는 것이 좋다. 특히 분량이 짧지 않은 보고서를 작성할 때 더 많이 신경 써야 하는 부분이다.

⑤ 복잡한 내용일 때에는 도표나 그림을 활용한다

보고서의 내용이 복잡할 경우에는 도표나 그림을 활용해서 효과적으로 메시지를 전달한다.

⑥ 제출하기 전에 최종 점검을 한다

보고서는 개인의 능력을 평가하는 기본적인 요인이므로 작성이 끝나면 반드시 최종 점검을 한 뒤 제출한다.

⑦ 참고 자료는 정확하게 제시한다

참고 자료는 내용의 정확성을 검증해주므로 정확하게 제시한다.

국내 대기업의 보고서 작성 규칙(권고안)

- 문서 보고 강조 문화
- 지나친 보고서가 효율적인 경영 저해
- 1장 분량의 요점 위주의 보고서 강조

비법 1 첫 장에서 승부할 것
- 첫 장에서 설득(Why)해야 하며, 특히 제목을 잘 뽑아야 함

비법 2 핵심 용어를 사용할 것
- 최근 경영 키워드/기법 : 칭찬 경영, 아침형 인간, 펀(fun) 경영 등
- 회사의 전략 방향 : 신년사/CEO 철학, 경영 방침, 비전 및 미션 등
- 상사의 지시와 의도 : 상사가 자주 사용하는 표현 80% + 상사가 처음 들어본 내용 20%

비법 3 자기만의 문체를 만들 것
- 개성 있는 문장으로 여타 보고서와 차별화

비법 4 오탈자를 줄일 것
- 오탈자는 정성 부족을 의미하며, 보고서 신뢰도에 결정적인 역할을 함
- 6시그마의 원칙: 100만 글자 중 오탈자가 3, 4개

비법 5 각종 서식에 대해 이해할 것

- 테이블은 균형미
- 통일된 글씨체 : 폰트(바탕체), 크기(14.4 혹은 13.4)
- 한자 쓰기 원칙 : 강조 단어, 의존명사, 한글로는 의미가 불분명한 단어 등
- 띄어쓰기 원칙 : 명사+명사는 붙여쓰기(기업문화), 목적어+서술어는 띄어쓰기(문서 작성)
- 문서 간격 및 여백 관리 : 줄 간격 12
- 밑줄 치기/굵은체 : 적절하게 절제된 형태로 사용
- 박스 : 집중/강조 효과, 절제해야 효과적
- 글머리는 ㅁ, -, · 순
- 그림, 테이블은 한쪽에 1개 이상 사용을 자제할 것
- 서술어는 가능한 한 명사형으로 종결

비법 6 쉬어가게 할 것

- 리듬과 호흡의 간격을 조절하라
- 한 장에 하나의 주제를 담으라
- 재미없는 내용이 많을수록 재미있는 표현을 섞어서

비법 7 볼 맛이 나게 할 것(옷 입히기)

- Reporting도 예술이다
- 남들이 칭찬하는 보고서를 Benchmarking할 것

비법 8 품질로 승부
- 품질 = 기술 품질(요령과 지혜) + 정성 품질(열정과 노력)
- Reporting은 기술 품질과 정성 품질의 총합화 산물
- 보고서 작성은 종합예술

[보고서]

사례 1

문 서 번 호	영업 01-235
출 장 보 고 서	페 이 지 번 호	
	작 성 일 자	2002년 10월 16일

부 (공 장)	경영지원실	직위	대리	출 장 자	김철수
출 장 기 간	2006. 04. 26-2006. 04. 31 (5박 6일)			출 장 지	대구지역 백화점
출 장 목 적	S제품의 백화점 판매실태조사 및 개선사항 검토				

보고내용

1. 판매현황
   S제품은 상류층을 주고객으로 꾸준히 판매되었음. 백화점의 입지에 따라 판매량이 다소 차이가 있었으며 일부 백화점에서는 소비자들로부터 반품의 사례도 발생하였음.

2. 판매부진 원인
   미래백화점은 주고객인 상류층의 소비가 증가함에도 불구하고 예상 외로 판매실적이 저조하였고 과거 백화점은 중산층 지역이지만 판매실적이 좋았음. 원인은 판매사원의 친절과 제품의 설명, 애프터서비스 등에 관한 정보가 정확하게 전달되지 않은 것이 원인으로 판단됨.

3. 대책
   가. 백화점 점원의 서비스 교육이 필요함.
   나. 현재 판매실적을 토대로 제품에 관한 정확한 정보 전달이 요구됨.
   다. 주고객층인 상류층을 상대로 광고효과를 강화할 필요가 있음.
   라. 경제호황이 예상되는 만큼 대대적 판촉지원이 요구됨.

   첨부 1. S제품의 백화점별 판매현황 1부.
         2. 백화점별 직원 배치 및 교육 실태 조사서 1부.

결재	작성	검토	승인	처리담당		접수	작성	검토	승인
				보존기간					
				편철번호					
				색인번호					

=> 일반적인 양식을 사용한 출장 보고서다. 일부 회사에서는 보고서 양식을 만들어 사용하고 있다. 회사 출장에서 조사한 내용을 간략하게 담아내고 있다.

사례 2

보고자 : 인사교육팀 차장 이순신　　　　　　　　　　2006. 5. 8

출 장 보 고 서

1. 출장지: 미주지역
2. 기 간: 2006. 03. 12 - 2006. 04. 08(19일간)
3. 동행자: 없음
4. 목 적: 미주지역 종업원 교육실태 조사 및 검토
5. 보고내용

　　가. 교육현황
　　　　미주지역 공장에서는 종업원 교육을 주기적으로 시행하고 있었음. 종업원의 전문업무 수행을 위해 전문가를 초빙해 꾸준히 교육을 시키고 있으나 업무 효율면에서는 그다지 개선되지 않고 있었음. 일부 공장에서는 교육 참여자의 학습태도도 적지않은 문제가 되고 있었음.

　　나. 교육부실 원인
　　　　종업원이 미국인이 아닌, 동남아 출신자가 대다수를 차지함으로 인해 의사소통이 제대로 되지 않았고 전문교육의 필요성을 인식하고 있지 않았음. 교육담당자가 인지도가 높지 않은 전문가를 섭외한 것도 원인이 되었다고 판단됨.

　　다. 대책
　　　　(1) 동남아 출신 종업원의 영어교육이 우선 요구됨
　　　　(2) 종업원에게 전문교육의 필요성을 인식시킬 필요가 있음
　　　　(3) 교육강사 섭외시 대외적인 인지도도 고려해야 함

첨부 1. 미주지역 공장 종업원 교육실태 조사서 1부
　　　 2. 미주지역 교육담당자 업무 분석 1부.

　　　　　　　　　　　　　　　　　　　　　　　　　　　이 상

=〉 회사에서 일반적으로 사용하는 보고서 형태다. 출장에서 분석된 내용을 간략하게 양식을 갖춰 담아냈다.

4. 비즈니스 메모 쓰기

메모는 일상생활에서 자주 하게 된다. 중요한 일이나 앞으로 체크해야 할 일이 있을 때에는 항상 메모하는 습관이 누구에게나 있다. 이때 수첩이나 메모장에 생각나는 대로 간단하게 적어두면 된다. 다른 사람이 알아보지 못해도 상관없고 자신만 정확하게 알아볼 수 있으면 된다. 그러다 보니 메모는 누구나 쉽게 할 수 있다는 생각을 많이 한다.

하지만 비즈니스 메모는 일상적인 메모와는 차원이 다르다. 비즈니스 메모는 직장인이 업무상 필요한 내용을 메모 형식으로 전달하는 글이다. 그러므로 비즈니스 메모는 일상적인 메모처럼 대충대충 할 수도 없고 혼자만 알아보도록 해서도 안 된다.

비즈니스 메모는 직장에서 가장 많이 사용하는 비즈니스 글이다. 직장인이면 하루에 적어도 한두 번 비즈니스 메모를 작성하는 것이 보통이다. 직장 동료나 상사의 전화 내용을 비롯해 전달 사항이나 연락 사항, 회의 메모 등 직장에서의 사소한 업무는 으레 메모를 통해 이루어진 다고 해도 과언이 아니다.

그런데 사람에 따라서는 메모를 아예 하지 않는 경우도 있다. 간단한 전달 사항은 구두만으로 충분하다고 생각하기 때문이다. 하지만 업무에 시달리다 보면 전달 사항을 잊어버리기 쉽다. 상사나 동료가 사무실에 왔을 때 전달하면 된다고 생각하지만, 그 순간만 지나면 곧바로 잊어버리는 경우가 종종 있다. 나중에 중대한 사안이 제때 전달되지 않은 사실이 드러나면 업무 차질이 빚어지고 문제가 생길 수도 있다. 그래서 직장생활의 생리를 잘 알고 있는 직장인이라면 사소한 메모라도 신경을 써서 전달하려고 한다. 메모는 사소한 글쓰기지만 얼마나 정확하고 모양 좋게 전달하느냐에 따라 평가가 달라진다. 간단한 글에서도 전하고자 하는 메시지를 분명하게 담아내지 못한다면 글 쓰는 능력은 물론 표현 능력까지 의심받게 된다.

일부에서는 비즈니스 메모가 개인적으로 쓰는 이력서와 비슷한 면이 있다고 주장한다. 이력서는 일자리를 구하기 위해 회사에 제출하고, 면접을 보기 위해 작성하는 일차적인 글이다. 이력서를 어떻게 작성했는지에 따라 그 사람에 대한 평가가 달라진다. 메모도 공적인 글이면서도 작성자의 인격을 드러내는 글이다. 그러므로 다른 사람보다 눈에 띄고 능력을 펼쳐보이려면 메모 작성부터 신경을 써야 한다.

비즈니스 메모는 크게 세 가지로 구분한다. 직장에서 가장 보편적으로 쓰는 전화 메모와 회의 메모, 그리고 업무 메모다.

먼저 공적인 전화 메모는 회사의 업무와 직결되는 내용이 대부분이다. 언제까지 무엇을 해달라거나 미팅이 언제로 연기되었다거나 사정이 있어 업무 추진이 지연되었다거나 하는 핵심적인 내용이 많다. 이때에는 정확한 메모와 정확한 전달이 필요하다. 정확한 전달이 이루어지지 않으면 개인의 업무는 물론 회사의 업무에도 차질이 빚어질 뿐만 아니라 심지어 회사의 경영에 큰 타격을 주는 경우도 있다.

사적인 내용의 전화 메모는 최근 휴대폰이 널리 보급됨으로써 과거보다 현저히 줄어들었다. 그러나 직장 상사나 동료의 사적인 전화 메모도 정확하게 작성해 전달해야 한다. 회사의 업무와 직결되지는 않지만 상사나 동료에게 신뢰를 주려면 소홀히 해서는 안 된다.

회의 메모는 회의에 참석하지 못한 상사나 동료에게 전달 사항이나 회의 내용에 대해 간략하게 적어 전달하는 방식이다. 때문에 회사의 업무와 직결되는 내용이 대부분이다. 개인의 업무는 물론 부서, 회사 전체의 업무와도 직결된다. 직장에서 회의는 해결해야 할 업무나 논의할 사안이 있을 때 수시로 열린다. 대부분의 회사에서 정기적인 회의는 날짜와 시간을 세팅해놓고 있다. 그만큼 회의 메모는 과거보다 작성하는 일이 더욱 빈번해졌고 중요도 또한 상당히 높다. 특히 회의 내용 자체를 기록하는 회의 메모는 기록이나 참고 자료로 남기기 위해서도 상당히 중요하다. 월말이나 연말에 업무 상황을 파악하거나 업무 추진에 대한 궁금증이 있을 때에 핵심적인 자료 역할을 한다.

업무 메모는 개인이 추진하는 업무나 상대의 업무 추진 상항을 메모로 적는 형태다. 일부 메모는 보고 형식을 띠기도 하지만 대부분 간단하게 적어 전달한다. 업무 메모는 전화 메모나 회의 메모보다 더 중요하고 긴요하다. 특히 지방 출장이나 해외 출장을 갔을 때 반드시 업무 메모를 작성해야 한다. 그것을 토대로 다른 사람이 일을 추진하는 경우도 많다. 그러므로 업무 메모는 비즈니스 메모 가운데 핵심적인 메모라고 할 수 있다.

　메모는 일반적으로 쉽게 쓸 수 있다는 인식이 강하다. 대략적인 내용을 기록해 전달하면 그만이라고 생각하는 경향이 있다. 비즈니스 메모 역시 그 연장선상에서 바라보는 사람들도 많다. 그러나 비즈니스 메모는 그 자체가 회사의 정보 전달의 도구이다. 얼마나 메모를 잘 작성했느냐에 따라 정보 전달의 구실을 제대로 했는지가 판가름 난다. 비록 간단하게 작성되지만 중요한 정보를 담고 있는 경우가 대부분이다.

　그러나 비즈니스 메모의 작성 방법에 대해서는 정해진 답이 없다. 다른 비즈니스 글처럼 정형화된 양식이나 글 구조도 없다. 작성자의 상황에 맞게 종이에 직접 쓰거나 컴퓨터로 작성해 전달하면 된다.

　기본적으로 비즈니스 메모는 간단하게 작성하는 것이 대원칙이다. 그러다 보니 서술적으로 풀어 쓰는 데 익숙한 직장인들 중에 무엇을 어떻게 써야 하는지, 핵심적인 내용을 어떻게 표현해야 하는지 어려움을 호소하는 이가 많다. 그러나 기본적인 원칙만 알아두면 작성하는 데 큰 어려움이 없다.

　일반 비즈니스 글은 어떤 정보를 어떻게 수집해 내용을 전개할 것인가가 관건이지만 비즈니스 메모는 갖고 있는 정보를 어떻게 정리해 전달하느냐가 핵심이다. 갖고 있는 정보를 구체적이고 정확하게 전달하는 것이 비즈니스 메모의 생명이다. 그래서 비즈니스 메모는 전달의 효율성을 위해 대부분 역피라미드 구조를 취한다. 그러나 어떤 내용을 쓰느냐에 따라 달라지기도 한다. 일부 메모는 비교적 짧은 내용을 전달하는 형식인 만큼 특별한 글 구성을 취하지 않는다. 중요한 것은 효율적인 전달 방식이다. 상대가 정확하게 메시지를 전달받고 활용하는 것이 관건이다.

1) 전화 메모

과거 직장에서는 전화로 인해 빚어지는 일이 많았다. 전화를 잘못 받아 업무상 큰 차질을 빚는 일도 심심찮게 일어났다. 그래서 대기업을 중심으로 전화를 잘 받는 것이 업무 추진에 상당히 중요하다는 이유로 전화 잘 받기 예절 교육을 실시한 적도 있었다. 현재도 전화 예절을 강조하는 회사가 많이 있다.

전화 통화시 당사자끼리 대화를 나눈다면 별 문제가 없다. 하지만 남의 전화를 받게 되면 내용 전달에 문제가 발생하기도 한다. 그만큼 전화 메모 습관이 중요하다.

전화 메모는 비즈니스 메모 가운데 가장 쉽게 쓸 수 있다. 특별한 양식을 사용하기도 하고 사용하지 않기도 한다. 양식을 사용하지 않는 경우에는 개성에 따라 통화 내용을 적으면 된다. 메모 종이도 개인의 취향에 따라 달리한다. 직장에서 흔히 쓰는 A4용지나 메모지, 포스트잇을 활용하면 된다. 내용이 길지 않은 메모는 메모지나 포스트잇을 사용하는 것이 좋다. 번거롭지 않고 편리할 뿐만 아니라 건네받는 사람도 간단하게 전달받을 수 있기 때문이다.

내용은 구체적으로 기술한다. 누구에게서 언제, 어떤 내용의 전화를 받았는지 정확하게 적어야 한다. 특히 상대에게서 회신에 대한 요청이 있었다면 그 부분도 언급해야 한다. 또한 부서장이나 직장 동료가 아닌, 회사의 임원이나 사장단에게 전하는 전화 메모를 작성할 때에는 정중한 예의를 갖추는 것이 바람직하다. 이때에는 양식을 모방한 축약적 서술보다는 전체 내용을 하나의 문서 형식으로 작성한다. 예를 들어 "김 사장님께, 우리물산 홍길동 사장께서 핸드폰 수출 건으로 긴급 전화를

[전화메모]

```
        2006. 04. 26(수) 14:30

         전 화 메 모

홍길동 이사님께
문화산업의 이순신 사장님께서 △
△ 사업 건으로 전화를 요청하십
니다. 예정입니다.

이순신 사장님께서는 오늘 오후 7
시까지 회사(6409-8860)에 계신다
고 합니다.


                    김 순 희 기록
```

```
TELEPHONE
MESSAGE

수신/To : _____
일자/Date: _____
발신/From: _____
전화번호/Tel No.: _____

□ 전화왔었음 / Telephoned

□ 전화바람 / Please call

□ 다시 전화하겠음 / Will call again

메모/Message _____
_____
_____
매모받은 사람/By _____
```

요망하십니다. 홍길동 사장께서는 금일 오후 8시까지 회사에 계신다고 합니다"라고 서술하는 것이 좋다. 물론 전화를 받은 날짜와 시각도 중요하므로 서두에 쓰고 마지막 부분에는 전화받은 사람의 이름을 밝혀야 한다.

대부분 수기로 이루어지는 전화 메모에서 글자는 되도록 또박또박하게 적어야 하며, 내용은 정확하고 성의 있게 담아낸다. 문장의 표현도 간결해야 하며 모호한 표현이나 장난기 있는 표현도 사용하지 않는다.

2) 회의 메모

회의 메모는 불참자들에게 회의의 내용을 전달하기 위해 적는 것이다. 회의에 참석하지 않은 사람도 회의의 내용을 알아야 업무를 추진하는 데 차질이 없다. 그래서 회사에서는 회의 때마다 회의록을 작성하고 참석하지 못한 사람에게는 회의 메모를 전달하도록 지시한다.

회의 메모는 전화 메모와 마찬가지로 정확한 내용을 담아내는 것이 무엇보다 중요하다. 언제, 어디서, 어떻게 회의를 했으며, 그 내용이 무엇이었지를 구체적으로 서술해야 한다. 회의 메모는 양식을 갖춰 작성하는 것이 편리하다. 그래야 내용을 정확하게 전달할 수 있고 작성하는 데 큰 부담도 없다. 메모 양식이 없으면 양식을 직접 만들어 작성해야 하는데 이때를 대비해서 평소에 회의 메모 양식을 만들어두는 것이 좋다.

회의 메모 양식에는 회의 일시와 장소, 회의 주제와 목적, 참석자 수를 기본적으로 기재하고, 세부적으로는 참석자들의 발언 내용과 발언 내용에 대한 결론, 그리고 마지막으로 건의 사항이나 추진 사항을 상세히 적으면 된다. 일부에서는 전체 내용을 항목별 표로 만들어 작성하기도 하고 회의 세부 내용만 표를 만들기도 한다. 양식을 만들어 사용하든 서술적으로 전개하든 간에 5W1H 원칙을 활용하는 것이 좋다. 외국계 회사의 경우 회의 메모는 대개 언제, 어디서, 왜 회의를 개최했는지를 먼저 서술하고 누가 무슨 말을 했는지, 그리고 어떤 결론이 났는지의 순으로 전개한다.

전체 내용 또한 한눈에 내용을 파악할 수 있도록 작성한다. 메모는 긴 비즈니스 글이 아니다. 간단한 내용을 짧게 전달하는 글이다. 양식을

[**회의 메모**]

```
2006. 4. 14/ 부서 회의실
주제: 인사관리 문제 토의
목적: 인사관리 방침 결정
참석자 수: 6명
```

No.	제의자명	제의 내용	결 론
1	이명우	6개월마다 평가 실시	평가 실시 구체 검토
2	장진성	여유 인력 파악	직무 교육 필요
3	강민수	정기적 교육 실시	

사용하든 사용하지 않든 간에 전달받은 사람이 단번에 내용을 정확하게 파악할 수 있어야 한다. 그리고 내용의 기술도 정확해야 한다. 양식은 깔끔하게 만들었지만 어떤 내용을 전달하고자 했는지 정확하게 알 수 없다면 실패한 메모 기록이다.

본문의 전개는 양식에 따라 다르지만 핵심적인 문구로 서술한다. 메모는 간결한 맛을 주는 비즈니스 글인 만큼 깔끔하고 세련되게 전달하는 것이 좋다. 물론 일부에서는 서술적으로 풀어서 쓰는 경우도 있다. 중요한 전달 사항이나 비교적 긴 내용을 기록하기 위해서다.

3) 업무 메모

다른 사람에게 공적인 내용을 주로 전달하는 전화 메모나 회의 메모와 달리 업무 메모는 개인이 알고 싶은 업무 상황이나 내용을 다른 사람에게 요청할 목적으로 작성한다. 업무 메모는 회사의 상사인 경우에는 업무상 궁금한 점이나 업무의 진척 상황을 알고자 할 때 작성하고, 부하 직원일 때에는 업무를 다른 사람에게 부탁할 때 작성하는 경우가 많다. 특히 부하 직원은 상사로부터 업무 파악에 관련된 메모 작성을 요구받았을 때나 일시적인 출장이나 부서 이동이 있을 때도 작성한다.

업무 메모는 일정한 양식을 사용하지 않는 것이 일반적이다. 그러므로 개인이 알아서 글틀을 만들어 작성하는 수밖에 없다. 먼저 업무 메모의 주제와 수신자를 언급하고 그 다음 세부적인 내용을 나열해 정리한다. 세부 내용은 중요한 것에서부터 덜 중요한 내용의 순으로 전개한다. 이때 항목별로 번호를 매기는 것이 가독성을 높이는 데 도움이 된다. 물론 항목에 따라 표를 만들어 작성하는 것도 좋다. 어떤 방식으로 작성했을 때 상대가 내용을 쉽게 파악할 수 있을지를 고려하면 된다.

본문에는 되도록이면 짧은 문장을 사용한다. 그리고 하나의 내용은 하나의 항목으로 담아내야 한다. 하나의 항목에 여러 가지 내용을 담아내면 보는 사람에게 혼란을 주고 정확한 메시지의 파악을 어렵게 한다.

마지막으로는 작성 날짜와 작성자의 이름을 언급해야 한다. 언제, 누가 작성했는지는 모든 비즈니스 글쓰기의 기본 요소이다.

업무 메모는 대개 수기로 작성하기보다는 컴퓨터로 작업한다. 컴퓨터의 활용이 일상화되다시피 한 만큼 문서 작성기로 입력하는 것이 좋다. 용지 또한 일반 프린트 용지를 쓴다. 일부에서는 색지를 사용하기도 하는데 특별한 경우가 아닌 한 사용하지 않는다. 업무 메모는 어디까지나 업무를 효율적으로 추진하기 위한 메모다. 회사에서 색지를 구입해놓는 일도 없지만 만약 색지를 사용하면 업무의 비충실성을 내비치는 결과로 이어지기기도 한다.

> **비즈니스 메모 작성시 주의사항**
>
> ① 정확하게 기술한다
> 비즈니스 글은 정확한 기술이 생명이다. 비즈니스 메모 역시 전달할 핵심 메시지가 무엇인지 정확하게 파악해 전달해야 한다. 핵심 메시지의 도출이 어렵다면 연습 삼아 미리 써보고 실행하는 것도 좋다.
>
> ② 가능한 한 양식을 갖춰 사용한다
> 비즈니스 메모는 일정한 양식을 갖춰 작성하는 것이 일반적이다. 회사나 부서의 양식을 사용하는 것이 좋다. 만약 양식이 자체적으로 없다면 만들어 사용한다. 양식에 따라 작성하게 되면 메시지를 어떻게 전달할지 고민하지 않아도 된다.
>
> ③ 5W1H 원칙을 활용한다
> 비즈니스 메모는 5W1H가 어떤 비즈니스 글보다 확연히 드러나야 한다. 5W1H는 사건 내용을 전달할 때 가장 확실하고 정확하게 전달할 수 있는 기본 원칙이다.
>
> ④ 성의 있게 작성한다
> 비즈니스 메모 작성은 어디까지나 회사 업무의 연장이다. 간단한 메

모지만 그 속에는 업무상 핵심 내용을 담게 된다. 때문에 최대한 성의 있게 작성할 필요가 있다.

⑤ 작성 일자와 작성자는 반드시 적는다

비즈니스 메모는 작성자와 작성 일자를 적는 것이 중요하다. 사소한 부분이라고 생각하지 말고 반드시 작성 일자와 작성자의 이름을 적는다. 작성 일자에는 시각까지 정확하게 기술한다.

[비즈니스 메모]

존 F. 케네디 대통령이 부통령에게 보낸 메모

THE WHITE HOUSE
WASHINGTON

April 20, 1961

MEMORANDUM FOR VICE PRESIDENT

지난 번 대회에서 이야기했던 바와 같이 우주 개발에 있어 우리가 어떤 위치에 있는지를 총괄적으로 검토할 우주개발위원회에 부통령을 위원장으로 임명하는 바입니다.

1. 우주에서 실험을 하거나 달 주변을 유영하거나 달에 로켓을 착륙시키거나 사람을 태운 채 달에 착륙했다 돌아오는 등의 방식을 통해 소련을 물리칠 가능성이 있을까? 우리를 승리로 이끌어 줄 드라마틱한 또 다른 우주 계획이 있을까?

2. 비용은 얼마나 필요한가?

3. 현재 프로그램을 하루 24시간 내내 추진하고 있는가? 만일 그렇지 못하다면 왜 그런가? 일의 진척을 앞당길 수 있는 방법을 조언해 줄 수 있겠는가?

4. 거대한 로켓 추진 장치를 건설하는 데 있어 핵연료, 화학 연료, 액체 연료 혹은 이 세 가지의 조합 중 어떤 것에 중점을 두어야 하나?

5. 최대한의 노력을 기울이고 있는가? 필요한 결과를 얻어내고 있는가?

나는 짐 웹, 와이즈너 박사, 맥나마라 국무장관과 다른 책임 있는 정부 관료들에게 이 문제와 관련해 부통령을 적극적으로 도우라고 요청했습니다. 가능한 한 빨리 이 문제들에 대한 보고서를 받을 수 있기를 바랍니다.

자료 출처 / http://www.jiklibrary.org/lbj_space_memo.html

6장 실전! 비즈니스 글쓰기
③ 사적인 글쓰기

1. 자기소개서

자기소개에는 두 유형이 있다. 하나는 말로 하는 경우이고 다른 하나는 글로 하는 것이다. 둘 다 자신이 어떤 사람이고 어떤 경력을 갖추었으며 어떤 특징을 지녔는지 다른 사람들에게 알리는 게 목적이다. 구두로 하는 자기소개는 모임이나 단체(조직, 기관, 회사 등)에서 다른 사람(청중)을 대상으로 하고, 글로써 자기소개를 할 때에는 단체나 모임이 아니라 일인(독자)을 대상으로 한다. 글로 자기소개를 하는 것은 말로 할 때와는 엄청나게 다르다. 말로 할 때에는 순간적인 실수 정도는 애교로 지나칠 수 있지만 글로 할 때에는 표현상의 실수가 곧바로 소개자의 결함으로 받아들여진다. 그만큼 자기소개는 말로 할 때보다 글로 쓸 때 훨씬 더 신중을 기해야 한다.

현대사회에서는 취직을 하거나 공적인 단체에 가입하고자 할 때, 대학에 입학하고자 할 때에도 자기소개서를 요구한다. 직장인의 경우 이

직을 하거나 더 나은 회사에 지원하고자 할 때 반드시 자기소개서를 작성해야 한다. 특히 연봉제 도입과 함께 평생 직장 개념이 사라지면서 직장인들이 한두 번은 기본적으로 작성하게 된다.

회사에서 자기소개서를 요구하는 이유는 일차적으로 지원자가 어떤 인물인지를 파악하기 위해서다. 또 회사에 들어와 일을 잘할 수 있는지, 조직에 잘 적응할 수 있는지, 성격이나 대인관계가 원만한지를 살펴보려는 것이다. 그래서 자기소개서에는 개인의 성장 과정에서부터 가정환경, 학력과 전공, 성격이나 포부, 또는 장래 희망을 서술하는 것이 일반적이다. 회사에서는 자기소개서를 통해 단순히 인물의 개인적인 신상을 파악하는 데 그치는 것이 아니라, 그 내용을 통해 인물의 능력과 학식, 태도, 비전까지도 읽어낸다. 그러므로 자기소개서 쓰기는 절대 만만하게 볼 일이 아니다.

자기소개서는 입사를 위한 일차적인 관문이 되는 글이다. 대부분의 회사에서는 직원을 뽑을 때 자기소개서를 통해 서류전형을 실시한다. 그러다 보니 자기소개서를 잘못 작성해 서류전형에서 고배를 마시는 경우도 많다.

요즘에는 외부 기관에 의뢰해 자기소개서를 작성하는 경우도 있다고 한다. 하지만 본인이 직접 작성하지 않은 자기소개서로 서류전형에 통과하더라도 이를 소화하지 못해 면접에서 결국 탈락할 확률이 높다. 그러므로 자신이 직접 잘 쓸 수 있는 방법을 찾아야 한다.

자기소개서는 간단하게 쓸 수 있을 것 같지만 막상 쓰고자 할 때에는 고민에 고민을 거듭하는 경우가 많다. 그만큼 쓰기가 쉽지만은 않은 글이다. 하지만 쓰는 요령을 잘 익히면 무난하게 작성할 수 있다. 특히 자기소개서는 사적인 비즈니스 글에 속하지만 글쓰기의 기본을 익히는 데에도 상당히 중요하다.

  자기소개서는 얼마 전까지만 해도 평범하고 쉽게 쓸 수 있는 글로 인식되었다. 언제, 어디서 태어나 어떤 가정 환경에서 자랐는가 등 평이한 경력 사항을 담으면 된다고 여겨졌기 때문이다. 그러나 요즘은 개성 있는 자기소개서, 또는 매력적인 자기소개서가 요구되는 시대이다. 취업난이 심해진 현실에서 읽는 사람의 눈에 띄지 않으면 곧바로 사장되기 십상이다.

  자기소개서를 쓸 때 제일 중요한 것은 구성이다. 자기소개서는 얼마 전까지만 해도 핵심 내용을 제일 마지막에 적는 피라미드형을 일반적으로 사용했다. 그러나 피라미드형은 자칫 정보를 나열하는 수준에 머무를 수 있고, 무엇보다도 핵심 내용을 한눈에 알아보기가 어렵다.

  그런 이유로 요즘에는 혼합형이 자기소개서의 이상적인 글 형태로 여겨지고 있다. 혼합형은 역피라미드형처럼 핵심 내용을 글의 앞부분에 배치하고 그 다음에 피라미드식으로 글을 전개하는 형태로 읽는 사람의 시선을 집중시키는 데 유리하다.

  둘째는 주제의 문제다. 과거에는 자기소개서를 쓸 때 개인의 이력을 중심으로 내용을 전개하는 일이 많았다. 개별적인 특성을 담아내기는 하지만 보편적으로 성장 과정을 언급하는 선에서 머물렀다. 그러다 보니 내용으로 상대에게 어필할 수 있는 확률이 높지 않았다. 그리고 주제 없이 글을 쓰다 보니 핵심적인 내용을 담아내기가 쉽지 않았다. 주제를 잡고 글을 쓰면 내용이 일목요연해지고 핵심이 부각되지만, 반대의 경우에는 두서없이 횡설수설하게 된다. 따라서 자기소개서의 주제는 자기 자신에 대한 소개와 지원하고자 하는 회사의 지원 분야를 연결시켜서 자연스럽게 이끌어내야 한다. 예를 들어 전자회사의 영업 분야에 지원하고자 할 때에는 '전자제품 영업에 가장 적합한 나'라는 주제로 쓰는 것이다. 특히 주제를 잡고 글을 쓰게 되면 개인의 이력이나 학력, 성격도 모두 주제에 맞춰 집중적으로 전개할 수 있다.

셋째, 내용의 문제다. 자기소개서를 쓸 때 지나치게 진부한 내용을 많이 넣는 경향이 있다. 굳이 알릴 필요가 없는 내용이나, 지원하려는 분야와 전혀 무관한 내용까지 끌어넣기도 한다. 자기를 소개한다는 이유로 쓸데없는 내용을 전개해서는 곤란하다.

넷째, 표현의 문제다. 자기소개서는 개인의 공문이다. 개인이 회사에 입사하기 위해 제출하는 공적인 문서인 만큼 표현도 정중해야 한다. 단어의 사용에도 신중을 기해, 될수록 가벼운 단어나 비문법적인 단어는 사용하지 않는다.

① 성장 과정

자기소개서는 자기를 소개하는 글이다. 자기의 성장 과정이 중요하지, 성장 과정에서 다른 사람에게 받은 도움은 중요하지 않다. 그런데 "성실하고 엄격하신 부모님 덕분에." 또는 "형은 내 인생에서 가장 많은 영향을 미친 사람"이라는 식으로 전개하며 부모와 형제에 대해 쓸데없는 서술을 하는 사람들이 많다. 하지만 자기소개서는 자기 자신을 소개하는 것이 주 목적이다. 자기 자신을 중심으로 특별한 내용을 전개하는 것이 좋다.

② 성격 소개

인간은 누구나 장단점이 있게 마련이다. 자기소개서를 쓸 때 빠지지 않고 언급되는 것이 성격과 자신의 장단점에 관한 것이다. 성격을 언급할 때에도 주제에 맞아야 한다. 주제와 상관없는 성격을 담아내는 것은 자제해야 한다. 단점은 장점화할 필요가 있다. 단점을 단점으로만 서술하면 도움이 되지 않는다. 예를 들어 소심함이 단점이라고 한다면 꼼꼼한 업무를 하는 데에는 제격이라는 식의 전개가 필요하다.

③ 학력 사항

역시 주제에 맞게 서술해야 한다. 학창 시절에는 다양한 활동을 하게 마련이다. 이러한 활동이 지원하고자 하는 회사의 업무와 연결되게끔 서술한다. 예를 들어 정보통신 회사의 기술부에 지원한다고 할 때, 중·고등학교 시절부터 정보통신 분야에 관심이 많았고 대학교에서는 정보통신을 전공했다거나, 정보통신 분야에 대한 이해를 넓히기 위해 인문학과 사회과학 서적도 많이 읽었다는 식으로 전개한다. 그리고 학력 사항을 적을 때에는 연도별로 모든 사항을 빠짐없이 기록하기보다는 지원 회사의 분야와 일치하는 핵심 내용을 집중적으로 부각시키는 것이 좋다.

④ 지원 동기와 포부

자기소개서에서 지원 동기와 포부는 상당히 중요하다. 회사에 어떤 동기와 포부를 가지고 지원했는지가 분명히 드러나기 때문이다. 이 부분에서는 상식적인 내용보다는 사전에 지원 회사에 대한 정보를 수집하여 회사의 기업적 특징이나 문화에 맞게 서술하는 것이 좋다. 특히 회사의 경영 이념이나 대외 이미지와 연결하여 담아내면 무난하다. 물론 지나치게 아부하는 내용은 금물이다. 객관적으로 인정할 수 있는 수준에서 서술해야 한다. 그리고 회사에 입사해 어떤 일을 어떤 식으로 추진할지, 어떤 개발 계획을 갖고 있는지 구체적으로 서술하는 것이 좋다.

> **자기소개서 작성시 주의사항**
>
> ① 읽는 사람을 고려해 쓴다
> 읽는 사람의 관심을 끌지 못한다면 아무리 열심히 써도 소용 없다. 때문에 자기소개서는 읽는 사람을 고려한 글이어야 한다. 여기서 읽는 사람은 단순한 개인이 아니라 회사이다. 회사의 인사 담당자가 일차적으로 서류전형을 하는 만큼 회사를 상대로 관심을 이끌어내야 한다. 특히 자기소개서는 그 회사에 대한 평소의 관심을 언급해도 좋다.
>
> ② 진솔하게 쓴다
> 자기소개서를 과장해서 쓰는 것은 곤란하다. 자기소개서를 통해 서류전형을 통과하면 그 다음 면접을 보게 된다. 면접은 일반적으로 자기소개서의 내용을 토대로 이루어진다. 자기소개서에 서술된 내용이 거짓이거나 과장되었다면 면접을 볼 때 들통이 나기 십상이다. 따라서 있는 사실을 중심으로 진솔하게 쓴다.
>
> ③ 자신을 최대한 부각시킨다
> 자기소개서는 진솔하게 써야 하지만 과거의 수치스러운 일이나 약점은 서술하지 않는다. 어설프게 썼다가는 좋지 않은 인상을 줄 수 있고 마

이너스로 작용할 확률이 높다.

④ 최대한 성의 있게 쓴다

자기소개서는 회사마다 요구하는 부분이 다르다. 일부 회사에서는 회사의 자체 양식을 제공하고 어떤 회사에서는 일정 분량을 요구한다. 특별한 경우가 아니라면 회사에서 요구하는 분량보다 조금 넉넉하게 작성하는 것이 좋다. 만약 A4용지 한 장 분량의 자기소개서를 요구한다면 두 장 정도 쓰는 것도 좋다. 이는 무엇보다 성의의 문제다. 두 장을 쓴다는 것은 그만큼 지원 회사에 애정을 갖고 있고 어필하기 위해 노력하고 있다는 것을 보여준다. 글자체를 키운다거나 여백을 두는 것은 무성의하다는 인상을 줄 수 있다.

⑤ 내용은 구체적으로 기술한다

자기소개서의 내용은 구체적이어야 한다. 과거 어떤 경력을 가지고 있다고 피력하는 것보다는 과거 경력을 뒷받침해주는 특정한 사례나 그 경력을 통해 얻게 된 기술이나 소감에 대해 서술한다. 예를 들어 대학 시절 유럽에 1년간 연수를 다녀왔다고 서술하기보다는 어디서, 어떤 연수를 받았으며 연수 과정에서 어떤 능력을 발휘하고 보람을 느꼈는지를 구체적으로 적는 것이 좋다. 이는 언급한 내용을 보다 설득력 있게 만든다.

⑥ 표현은 일관성을 유지한다

일부 자기소개서를 보면 표현이 앞뒤가 맞지 않는 경우가 있다. 이는 읽는 사람을 혼란스럽게 한다. 글을 쓰다 보면 인명이나 회사명, 지명 또는 국명을 거론하는 경우가 있다. 이때 인칭대명사 또는 지시대명사를 썼으면 이후에도 동일하게 사용하고, 원명 그대로 사용했을 때에는 끝까지 원명 그대로를 유지하는 것이 좋다. 한 번은 원명을 쓰고 그 다음엔 대명사를 썼다가 다시 원명으로 돌아가는 식으로 서술하지 않는다. 예를 들어 자신을 거론할 때 처음엔 "저는"이라고 하다가 나중에는 "나는"이라고 표현해서는 안 된다.

⑦ 상투적인 표현은 사용하지 않는다

뭔가 참신하고 새로운 정보를 제공하는 것이 좋은 자기소개서의 조건이다. 그것은 일반적으로 글의 외형보다는 내용과 표현에서 비롯되는 경우가 많다. 누구나 알고 있는 상식적인 문구를 사용하는 것은 식상한 느낌을 줄 수 있다. 예를 들어 "저는 전라남도의 조그만 농촌 마을에서 1남 1녀의 장녀로 태어나 엄하신 아버지와 자상한 어머니의 가르침을 받았습니다"라는 식의 문장 사용은 피한다. 자라면서 집중적으로 관심을 두었던 분야나 자신이 성장하는 데 영향을 미쳤던 사안을 구체적으로 서술하는 것이 좋다.

⑧ 문장은 되도록 간결하게 쓴다

문장은 간결하게 써야 한다. 많은 내용을 담아내려고 욕심을 부리다 보면 문장이 상당히 길어지는 경향이 있다. 문장이 길면 문법적으로 오류를 범하기 쉽고, 이로 인하여 정확한 의미 전달이 어려워진다. 긴 문장은 읽는 사람으로 하여금 짜증나게 하고 더 읽고 싶은 마음이 사라지게 만든다. 가능한 한 단문을 즐겨 쓰는 것이 좋다.

⑨ 지나친 접속사의 사용은 삼간다

자기소개서에서 접속사는 되도록 쓰지 않는 것이 좋다. 접속사를 많이 사용하면 문장의 흐름이 뚝뚝 끊어져서 수려한 문장을 만들어낼 수 없고, 결국 좋은 인상을 주기 어렵다.

⑩ 통신 언어는 사용하지 않는다

최근 들어 통신 언어가 상당히 많이 쓰이고 있다. 인터넷과 휴대전화의 발달로 인해 통신 언어의 사용이 보편화되었다. 그러나 자기소개서를 쓸 때 통신 언어를 사용하는 것은 자제해야 한다. 특히 인터넷상에서 보편적으로 사용하는 축약된 표현이나 부호는 되도록 사용하지 않아야 한다. 예를 들어 "~하였슴다.", "알바", "····"와 같이 표현하지 않는다.

⑪ 핵심 문구는 글자체를 달리한다

자기소개서를 쓸 때 중요한 내용은 글자체를 달리하는 것도 좋은 방법이다. 단락별로 한 줄씩 띄는 것도 좋다. 그러면 보기에도 좋을 뿐만 아니라 깔끔하게 정리된 듯한 느낌을 준다.

⑫ 맞춤법과 오탈자에 주의한다

자기소개서는 개인의 신상이나 내력뿐만 아니라 글을 쓴 사람의 지적 능력도 보여준다. 맞춤법, 표준어 규정에 어긋나는 표현이나 오탈자가 있다면 국어 능력에 문제가 있음을 드러낸다. 가능한 한 세심하게 점검하는 것이 중요하다. 그러므로 자기소개서를 작성한 다음에는 적어도 세 번 이상의 체크를 통해 맞춤법은 맞는지, 오탈자는 없는지 확인한다.

[자기소개서]

컴퓨터회사의 게임개발 분야 지원

　국내 컴퓨터 게임산업의 선두주자인 귀사에 지원하게 되어 영광입니다. 저는 어려서부터 귀사의 게임을 접하고 오랫동안 해왔기 때문에 다른 누구보다도 회사에 대한 이해와 게임에 대한 기초지식을 가졌다고 자부합니다. 대학에서도 컴퓨터 공학을 전공해 컴퓨터 게임개발에 대한 전문지식을 습득하는 것은 물론 직접 게임을 만들어보기도 했습니다.
　저는 다른 사람보다 남달리 몸이 약했지만 어릴 적부터 컴퓨터 게임을 좋아했습니다. 초등학교 시절부터 친구들과 놀기보다는 게임에 빠지는 일이 많았습니다. 학교 공부와 식사시간을 제외하고는 매일 컴퓨터 게임을 하였으며 어떤 땐 부모님의 제지에도 불구하고 혼자서 몰래 게임을 했습니다. 중학교 때부터는 게임에 대한 책을 직접 구입해 게임의 룰이나 방식에 대해 집중적으로 탐구하였으며 고등학교 때에도 학교 공부에 지장을 주지 않는 범위에서 게임개발에 대한 책도 탐독하기도 하였습니다. 그리고 친구들과 컴퓨터 게임시합을 많이 하였고 그때마다 제가 항상 이겼습니다. 컴퓨터 게임에 대한 관심을 떨칠 수 없어 대학에서도 컴퓨터 공학을 전공하였고 특히 대학에서는 컴퓨터 게임동호회에 가입해 컴퓨터 게임에 대한 전문적인 지식을 습득하였으며 교내 컴퓨터 게임대회에 참가해 우승하기도 하였습니다.
　저는 매사에 성실합니다. 공부를 하거나 일을 추진할 때에도 최선을 다하자는 것이 저의 좌우명입니다. 그러나 다소 소심한 면이 있습니다. 친구들과 사귀거나 모임 활동에 적극적이지는 않습니다. 그러나 소심한 성격이 컴퓨터 게임을 개발하는 데에는 충분한 장점으로 작용할 수 있다고 생각합니다. 그리고 차분히 조용하게 게임을 개발하는 데에는 반드시 필요한 성격이라고 판단합니다.
　저는 컴퓨터 게임이 앞으로 첨단 공학의 발전에 지대한 영향을 미칠 거라고 생각합니다. 지금 전세계적으로 콘텐츠 산업의 활성화와 중요성이 부각되면서 컴퓨터 게임산업 또한 미래의 비전을 제시하는 분야이며 특히 컴퓨터 게임은 컴퓨터 공학만이 아닌, 인문학적 콘텐츠와 사회과학적 지식이 복합적으로 작용하는 첨단 산업이 될 것으로 판단합니다.
　제가 귀사에 입사하게 된다면 컴퓨터 게임에 관한 저의 모든 경험과 지식을 총동원해 미래의 컴퓨터 게임 전문 개발자가 되고 싶습니다. 평소에 귀사의 게임에 대한 관심을 항상 가지고 있었고 귀사의 제품에 대해 깊이 있는 연구도 하였습니다. 국내 게임산업에서의 귀사의 역량과 게임산업의 노하우를 접목해 보다 체계적이고 창조적인 전문 게임개발자로서의 꿈을 키우고 싶습니다.

=〉하나의 주제를 잡고 서술하고 있다. 자기소개서도 주제를 정확히 잡고 전개해야 한다. 컴퓨터 게임개발에 대한 관심과 경험을 핵심적으로 끄집어내고 있다. 그리고 성격적인 단점도 장점화시키고 있다.

2. 이력서

　　자기소개서가 자신을 소개하는 글이라면 이력서는 자신의 인생 흐름을 드러내는 글이다. 언제, 어디서 태어나 언제, 어떤 학교를 다녔으며 언제 졸업했는지를 기술하는 글이다. 그러나 이력서는 자기소개서와는 다른 점이 많다. 자기소개서가 개인의 특징적인 부분을 드러내는 것이라면 이력서는 개인의 인생 역사를 보여주는 데 중심을 둔다.

　　사람들은 보통 이력서 쓰기가 어렵지 않다고 생각한다. 자기소개서는 아무래도 서술적으로 내용을 담아내다 보니 글을 구성하거나 표현할 때에 많은 고민을 해야 하지만 이력서는 요약적으로 핵심적인 문구만을 담아낸다는 생각에 별다른 신경을 쓰지 않는 경향이 있다. 그러나 이력서 쓰기도 결코 만만히 볼 일은 아니다. 입사나 이직을 위해 다른 사람보다 좀 독특하고 눈에 띄는 이력서를 준비하려면 나름대로 노하우가 필요하다.

보통 이력서는 과거의 이력을 중심으로 서술하되 현재 살고 있는 주소나 가족 관계, 학력 등을 전반적으로 적는다. 특기 사항이나 자격증이 있을 경우에는 이를 덧붙이면 된다. 그래서 특별한 애로점이 없는 한 기본적인 사항만 서술하면 되는 것으로 알고 있다.

이력서는 용도에 따라 세 가지 유형으로 쓴다. 하나는 학력 중심이고, 다른 하나는 경력 중심의 이력서다. 나머지 하나는 업무 중심의 이력서이다.

학력 중심의 이력서는 어떤 학교에 입학하고 졸업했는지를 중심으로 전개하는 형식이다. 예를 들어 중학교는 언제 입학했으며 고등학교는 언제 졸업했는지, 대학교는 언제 다녔는지를 나타내는 것이다. 그러다 보니 회사에 처음 입사하거나 경력이 많지 않은 사람들이 주로 쓰는 이력서다.

경력 중심의 이력서는 학력보다는 업무 경력을 중심으로 서술하는 형식이다. 과거에 어떤 일을 담당했고 현재는 어떤 일을 하고 있는지를 알리는 이력서이다. 경력 중심의 이력서는 회사에서 어느 정도 경력을 쌓았거나 특정 분야에서 집중적인 경력을 쌓았을 때 작성하게 된다.

업무 중심의 이력서는 특정 업무를 중심으로 자신의 능력을 기술하는 형식이다. 특정 분야의 업무를 추진할 수 있는 능력이나 전문 지식을 집약적으로 드러내는 이력서라고 할 수 있다. 그러다 보니 업무 중심의 이력서는 직장을 많이 옮긴 사람들이 주로 쓴다.

경력이 많거나 특정 분야의 전문 종사자가 아니면 대개 학력 중심의 이력서를 쓴다. 물론 경력 중심이나 업무 중심의 이력서에서도 학력은 부분적으로 언급된다. 단지 학력이 이력서 전개의 핵심 사항이 아니라는 것뿐이다. 그래서 흔히 이력서를 쓸 때 학력과 경력, 업무 분야를 동시에 담아내는 것이 일반적이다. 일반 회사에서도 세 가지 사항을 필수적으로 요구하는 경우가 많다. 그러나 전문 경력이나 전문 분야의 이력이 필요하다고 판단될 때에는 경력과 업무 중심의 이력서를 작성한다.

이력서의 일반적인 양식은 학력과 경력, 주소나 가족 관계 또는 연락처를 기술하게 되어 있다. 이를 기술할 때에도 신경을 써야 한다. 이력서는 간단하고 일목요연하게 서술하는 것이 기본이다. 글의 통일성이 없거나 지나친 서술형의 문장을 사용하면 이력서로서의 가치를 상실하게 된다.

이력서는 대개 지원 회사에서 양식을 제공하는 게 일반적이다. 많은 사람의 이력서를 다양한 양식으로 접수하면 업무 처리상 비능률적이고, 입사 후에도 회사 양식에 따라 이력서를 보관하기 위해서다. 그러나 중소 규모의 회사에서는 지원자에게 자체 제작해 내라는 주문을 하는 경우가 많다. 이때에는 시중에 판매되고 있는 이력서를 사용하는 것도 무방하지만 대부분 컴퓨터로 작성을 하는 만큼 시중 양식을 보고 응용해 만드는 것이 좋다.

이력서를 쓸 때 우선 지원하려는 회사가 어떤 회사이고 어떤 분야인가를 잘 파악한 뒤 거기에 맞는 내용만을 적어야 한다. 지원하려는 회사의 업무와 맞지 않거나 무관한 내용은 서술하지 않는다. 이력서는 자기의 인생 이력을 혼자서 보기 위해 쓰는 것이 아니다. 회사에 입사하거나 회사를 옮기고자 할 때 자신의 학력과 경력을 돋보이게 하기 위해 제출하는 문서다. 자기소개서처럼 자신을 포장해 돋보이게 하고 상대방에게 선택받기 위해 쓰는 글이다. 지원하려는 회사의 업무와 전혀 무관한 내용이라면 아무리 경력이 짧아도 서술하지 않는 것이 좋다. 짧은 경력을 벌충하려고 무관한 내용을 담아내면 오히려 감점 요인으로 작용한다. 예를 들어 사무직에 지원할 때 기술직의 경력을 서술하는 것은 좋지 않다. 글을 쓰는 사람 입장에서는 한 줄이라도 더 채우고 싶겠지만 이력서를 보는 사람 입장은 정반대이다. 그 경력을 회사 쪽에서 원하지 않는다고 판단이 될 때에는 서술하지 않는다.

이력서 작성시 주의사항

① 진솔하게 쓴다

이력서도 자기소개서와 마찬가지로 있는 사실을 솔직하게 써야 한다. 입사하고 싶은 욕심에 없는 사실을 만들어내거나 과장해서 표현하면 여러 문제가 야기될 수 있다. 특히 입사한 뒤 이력서에 허위나 과장이 있었다는 사실이 확인될 때에는 입사가 취소될 수도 있다. 되도록이면 진솔하고 솔직하게 기술한다.

② 최근의 경력부터 서술한다

이력서는 대개 과거의 경력부터 서술하는 것이 일반적이었으나 요즘에는 최근의 일을 먼저 서술하는 것이 대세다. 과거보다는 현재의 경력이 더 중요하기 때문이다. 특히 이력서의 분량이 1장을 넘길 경우에는 더더욱 중요한 부분이다. 이력서의 분량이 지나치게 많으면 검토하는 사람이 중요한 부분을 놓칠 수도 있으므로 어떻게 하면 눈에 잘 띌지 생각하면서 글을 전개한다.

③ 국한문 혼용은 삼간다

이력서는 과거에 대부분 한문으로 서술했지만 최근엔 모든 문서가 한글로 작성된다. 이력서도 순 한글로 서술하는 것이 바람직하다. 국문과 한문을 혼용해 서술하는 경우도 있지만 적절하지 않다. 단 영문 표기는 한글과 섞어 사용해도 무방하다.

④ 학력은 고등학교부터 쓴다

학력은 고등학교부터 쓰는 것이 일반적이다. 초등학교와 중학교까지 언급하는 경우도 있지만 적절하지 않다. 학력을 기술할 때에는 일반적으로 입학 연도와 졸업 연도를 함께 적는다. 그리고 특별한 주문이 없는 한 연과 월 단위까지만 적고 일 단위는 적지 않는다.

⑤ 응시 부문과 연락처는 반드시 적는다

이력서의 상단에는 응시 부문과 연락처를 적도록 되어 있다. 응시 부문과 연락처는 합격 여부를 알리거나 문의 사항이 있을 때 직접 연락을 취할 수 있는 핵심 부분이다. 특히 주민등록상의 주소와 현재 거주지의 주소가 일치하지 않으면 직접 연락이 가능한 전화번호를 적어둔다. 최근에는 이메일 주소와 휴대전화 번호까지 기입하도록 주문한다. 이때 정확하게 기술하고 혹시 잘못 기재되지 않았는지 확인해야 한다.

⑥ 특기 사항과 상벌은 반드시 작성한다

모든 이력서에는 특기 사항과 상벌을 반드시 기록하도록 되어 있다. 특기 사항은 국가 공인 자격증이나 면허증의 취득 사항을 기재하는 부분이다. 비공인 자격증이어도 지원 회사의 업무 추진에 도움이 된다면 반드시 기록한다. 이때 취득 날짜와 발행 기관도 적어야 한다. 상벌란에는 외국어 경시대회나 각종 대회의 수상 경력을 수상 날짜와 수여 기관과 함께 적는다. 그리고 외국어 구사 능력도 정확하게 기입한다.

⑦ 호주와의 관계를 정확하게 기입한다

이력서에는 호주와의 관계를 기입하도록 되어 있다. 호주와의 관계는 호주의 입장에서 자신을 바라보는 관계를 적어야 한다. 혼동해 적는 경우가 많으므로 주의해야 한다. 예를 들어 호주와의 관계에서는 '부' 또는 '모'라고 쓰지 말고 '장남' 또는 '장녀' 등으로 기입한다.

⑧ 분량이 많으면 쪽 번호를 매긴다

어느 정도 경력이 있는 직장인은 이력서를 쓸 때 분량이 한 장을 넘기는 경우가 많다. 이때에는 쪽 번호를 매겨야 한다. 그리고 반드시 함께 묶어 제출한다. 이력서는 수많은 사람들이 함께 제출하므로 서로 뒤섞이거나 구분이 잘 안 되는 일도 벌어진다. 짧은 글이지만 가급적 번호를 매겨 전달한다.

⑨ 사진은 스캔을 받아 사용한다

이력서에는 사진이 반드시 들어간다. 지원자의 인상과 태도를 부분적으로 파악하려는 목적이 있는 만큼 될수록 부드러운 인상을 주는 사진을 사용하는 것이 좋다. 그리고 이력서에 직접 사진을 붙이는 경우도 있지만, 웹상의 문서로 작성할 때에는 스캔을 받아 활용하면 된다. 사진 스캔은 미리미리 받아두거나 컴퓨터에 저장해둔다. 시간에 쫓겨 작성하다 보면 불편과 혼란을 가중시킬 수 있다.

⑩ **마무리를 잘한다**

이력서는 장황하게 쓰는 것이 아니다. 짧고 간략하게 서술한다. 이력서를 완성하면 마무리를 잘해야 한다. 맞춤법에 어긋나지 않았는지, 오탈자는 없는지, 규격에 맞게 작성되었는지, 내용이 일목요연하게 담겼는지를 확인한다.

[이력서]

사례 1

응시부문 : 미래물산
연락처 : 010-274-4192
(인사서식 제 1호)

이 력 서

성 명	이 순 신 ㉂	주민등록번호 123456-1234567
생년월일	1986년 5월 3일생 (만 ○○세)	
주 소	서울시 송파구 삼전동 8-7	
연 락 처	핸드폰 010-123-1234	이메일 abc@abc.com
호 적 관 계	호주와의 관계 장녀	호주 이장군

년	월	일	학 력 사 항	발령청
200○	○	○	○○○대학 ○○학과 졸업	
19○○	○	○	○○○대학 ○○학과 입학	
19○○	○	○	○○고등학교 졸업	
19○○	○	○	○○고등학교 입학	
			경 력 사 항	
2004	○	○	미래전자 근무(12년)	
2000	○	○	미국어학연수(1년)	
			상 벌 및 자 격 사 항	
2002	○	○	보통 1종 자동차 운전면허 취득	서울경찰청
2001	○	○	우수 논문상 수상	미래대학
			위에 기재한 사항은 사실과 틀림없습니다. 2005년 8월 5일 이순신 ㉂	

=) 시중에 판매되고 있는 이력서 양식을 이용하고 있다. 내용은 역피라미드형으로 전개하고 있다. 즉 현재 내용을 먼저 적고 과거 내용으로 옮겨가고 있다.

[이력서]

사례 2

이 력 서

성   명 : 이 순 자
주민등록번호 : 123456-1234567
주   소 : 서울시 송파구 삼전동 8-21
연 락   처 : ☎(02)123-1234 / H.P. 101-123-1234 / abc@hanmail.net

학 력 사 항

2004. 2. 27.	○○대학 ○○학과 졸업
2000. 3. 2.	○○대학 ○○학과 입학
2000. 2. 14.	미래고등학교 졸업

경 력 사 항

2004. 3. - 현재	삼성전자 인턴사원 근무
2001. 6. - 2001. 12.	한겨레신문 봉사단 활동
2000. 1. - 2000. 12.	미국 텍사스주립대 영어연수

상벌 및 자격 사항

2004. 7. 5.	비서 2급 자격증 취득(대한상공회의소)
2003. 9. 15.	미래대학 장학금 수혜
2002. 4. 8.	미래대학 영어경시대회 수상

외국어 활용능력   영어(TOEIC   점) / 일어(JPT   점)

위에 기재한 사항은 사실과 틀림없습니다.

2006년 4월 30일
홍 길 순 (인)

=> 자체적으로 만들어 사용한 이력서다. 과거에는 피라미드형으로 서술했지만 최근에는 현재를 중심으로 서술하는 것이 일반적이다.

7장 실전! 비즈니스 글쓰기
④ 웹 글과 프레젠테이션

1. 웹 문서

최근 들어 인터넷이 활성화되고 광고의 중요성이 부각되면서 웹사이트가 없는 회사는 거의 없다. 대기업은 말할 것도 없고 중소기업, 개인 기업조차 웹사이트를 운영한다. 웹사이트를 운영하려면 나름대로 틀을 구성해야 하고 틀이 마련되면 글로써 내용물(콘텐츠)을 채워야 한다. 웹 문서는 웹사이트의 콘텐츠를 구성하는 글이다.

웹사이트에는 여러 형태의 웹 문서가 있다. 콘텐츠를 구성하는 글이 다양하다는 얘기다. 인터넷 미디어에서는 미디어 글, 개인 홈페이지에선 개인의 글이 주로 콘텐츠를 이룬다. 비즈니스 웹 문서는 일반 기업체에서 운영하는 웹사이트의 문서를 말한다. 기업에 대한 소개글이나 제품의 설명 등에 해당되는 글이다. 일반 비즈니스 글의 내용을 항목이나 분류에 따라 담아내고 있다고 생각하면 된다.

기업의 웹사이트 운영은 온라인을 통한 사업상의 거래에 편의를 도모하려는 목적도 있지만 본래는 기업의 광고와 홍보가 주목적이다. 웹 문서가 얼마나 잘 작성되었느냐에 따라 웹사이트가 관심을 끌고 신뢰를 얻는다.

기업의 웹사이트는 외형적으로는 디자인이 세련되어야 하고 내부적으로는 문서 작성이 잘 되어 있어야 한다. 웹사이트의 디자인이 세련되었더라도 콘텐츠 구성이 엉성하거나 문서 작성이 부실하다면 신뢰를 얻기 어렵다. 그리고 웹사이트는 회사 이미지와 직결된다.

웹 콘텐츠는 일반적으로 회사의 성격에 따라 구성이 달라진다. 제조업체는 제품 안내를 중심으로, 서비스업체는 서비스 내용을 중심으로 구성한다. 그러나 어떤 회사든 간에 기본적인 아이템은 회사 소개, 제품과 서비스 소개, 공지 사항, 보도자료, 자유게시판, 질의응답, 사이트맵 등으로 구성된다. 보도자료나 자유게시판, 사이트맵의 경우 문서 작성이 추가적으로 필요하지 않다. 웹사이트를 만들 때 간단한 내용만 언급하면 된다. 그리고 자료가 발생하면 자료 자체를 업데이트한다. 그러나 회사 소개나 상품 및 서비스 소개는 내용이 변경될 때마다 수시로 손질하거나 새로 작성해야 한다. 특히 이들 문서는 고객에게 정확한 정보 전달의 역할을 하는 만큼 신중을 기해야 한다. 사실 이들 문서를 얼마나 잘 작성했느냐에 따라 회사의 이미지가 달라진다. 일부 고객은 웹사이트를 보고 회사를 평가하는 경우도 있다. 그러므로 회사로서는 신뢰를 줄 수 있는 웹사이트를 만들어야 한다.

웹 문서는 인쇄 문서와 차이가 있다. 인쇄 문서는 다소 복잡해도 큰 문제는 없지만 웹 문서는 복잡하게 쓰면 문제가 상당히 커진다. 웹 문서는 웹상에서 보는 글이다. 웹 문서를 프린트해 보는 사람은 거의 없다. 웹상에서 보기가 불편하다면 웹 문서로서의 가치를 상실한다. 또한 웹 문서는 홍보와 광고의 성격이 강하다. 인쇄 문서는 고정된 독자를 대상으로 하지만 웹 문서는 일반 독자를 대상으로 한다. 웹상에 올려진 모든 문서는 누구나 들어와서 볼 수 있다. 때문에 웹 문서는 비즈니스 글 가운데서도 특수한 글에 해당한다. 어떻게 보면 비즈니스 글보다는 대중적인 글이라고 할 수 있다. 미디어 글만큼 대중적이지는 않지만 보기에 편하고 내용 전달이 쉬워야 한다.

웹 문서는 일반 문서와는 달리 변경이 가능하다. 일반 문서는 한번 작성해 제출하거나 발표하고 나면 수정이 곤란하다. 그러나 웹 문서는 수정이 가능하고 업데이트도 할 수 있다. 하지만 웹 문서도 내용상 변경이 없는 이상 한번 작성되면 한동안 그대로 사용되는 경우가 많다. 웹사이트를 전면 개편하거나 리뉴얼하지 않는 이상 웹 문서가 완전히 새로 작성되는 일도 드물다. 그러므로 웹 문서는 초기에 제대로 작성해야 한다. 웹디자이너가 상주하고 있는 경우에는 별다른 어려움이 없지만 외부에 의뢰해 제작을 했거나 웹디자이너가 없다면 문제가 크다. 따라서 웹 문서도 완벽하게 작성해야 한다.

웹 문서의 구성은 신문 사회면에 등장하는 사건 사고 기사와 같은 역피라미드형이 적절하다. 첫눈에 어떤 내용인지 파악되어야 하는 것이다. 단박에 눈길을 끌지 못하면 더는 읽히지 않는다. 일반 문서는 첫 부분이 눈길을 끌지 않더라도 인쇄 지면을 넘겨보는 경우가 있지만 웹 문서는 주목을 끌지 못하면 독자의 관심권에서 멀어진다.

그러므로 주목도 높은 웹 문서를 작성하고자 할 때 가장 핵심적인 내용을 서두에 장식하고, 중요한 내용에서부터 덜 중요한 내용 순으로 전개하면 된다. 역피라미드형으로 쓸 때에는 핵심적인 내용이 무엇인지를 정확하게 끄집어내야 한다. 웹 문서 가운데 수시로 업데이트되는 글은 이메일 작성과 유사하다. 제목과 본문을 구성하되 중요한 내용을 먼저 서술하면 된다.

문장은 가능한 한 짧게 써야 한다. 일반 문서는 문장이 조금 길더라도 읽는 데 크게 불편하지는 않지만 웹 문서는 문장이 길면 제대로 읽히지 않는다. 비즈니스 문서는 고리타분하고 딱딱하다는 느낌을 많이 준다. 웹 문서 또한 일반 비즈니스 문서와 크게 다르지 않다. 내용이나 표현도 일반 비즈니스 글의 연장선상에 있다. 그렇지만 긴 문장을 사용하는 것은 좋지 않다. 가능한 한 빨리 읽고 내용을 파악하게끔 해주는 것이 좋다.

실제로 웹상의 글 읽기는 인쇄 지면상의 글 읽기보다 쉽지 않다. 웹상의 글 읽기가 인쇄 지면상의 글 읽기보다 시간상으로 20~25퍼센트 더 소요된다고 한다. 그러므로 재미있는 내용이 아닌 이상 장문을 사용해 독자를 불편하게 할 필요는 없다.

그리고 구태의연한 표현은 최대한 자제한다. 웹 문서는 사원들이 작성하지만 중간 결재를 거쳐 최종적으로는 사장의 결재를 받게 마련이다. 이때 시대 감각이 떨어지는 임원의 경우 지면에 쓸 때와 동일한 문장이나 표현을 강요하는 경우가 있다. 고사성어나 한자 숙어를 즐겨 사용하기도 한다. 하지만 웹 문서에 적당한 표현이 아니다. 일반 비즈니스 글에서도 가급적 한자 용어나 고사성어의 사용은 자제해야 하지만 웹상에서는 더더욱 삼가야 한다.

그렇다고 가볍게 표현하는 것도 문제다. 웹 문서는 일반 대중적인 글은 아니다. 나름대로 격식을 갖추되 현대적인 감각으로 표현하도록 한다.

만약 내용이 길거나 장황할 때에는 표를 활용하거나 도식화하는 방법도 좋다. 도식화하면 내용의 정확한 이해를 돕는다. 웹 문서가 모두 서술형으로 전개되는 것은 적절하지 않다.

인쇄 지면의 비즈니스 글을 웹 문서로 사용할 경우에는 다시 간추려서 전개하는 것이 좋다. 인쇄 지면상의 글이 길지 않다면 그냥 웹에다 올려도 되지만 긴 글인 경우에는 다시 축약하고 부분적으로 새로 쓰도록 한다.

웹 문서 작성시 주의사항

① 간결하게 쓴다

웹 문서는 간결한 문장일수록 읽기 편하고 보기에도 좋다. 문장을 간결하게 쓰려면 단문을 사용해야 한다. 복문이나 중문의 사용은 가급적 피한다. 웹 문서는 깔끔하게 전개하는 것이 좋으므로 쓸데없는 부호나 쉼표는 사용하지 않는다.

② 문단과 문단 사이는 한 행 띈다

웹 문서는 내용이 여러 문단으로 나눠질 경우 문단과 문단 사이에 한 행을 띄는 것이 좋다. 읽기 편할 뿐만 아니라 시각적으로도 시원스럽다. 특히 웹 문서는 시각적인 효과를 살리는 것이 좋다.

③ 다양한 글자체의 사용은 금한다

일부 웹 문서를 보면 글자체를 다양하게 하는 경우가 있다. 웹 문서나 일반 문서나 글자체를 다양하게 적용하는 것은 적절하지 않다. 웹 문서의 글자체는 세 가지를 넘기지 않는다. 항목의 나열이 있을 때 글자체를 달리하는 것이 좋고 본문의 내용을 강조할 때 부분적으로 하는 것도 무방하다. 그러나 한 문서 내에서 여러 유형의 글자체를 들쭉날쭉 사용하는 것은 가급적 삼간다.

④ 제목에 신경을 쓴다

모든 글은 제목이 중요하다. 웹 문서든 일반 비즈니스 글이든 제목은 글의 얼굴이고 간판이다. 특히 웹 문서는 클릭을 하지 않으면 내용을 볼 수 없으므로 제목부터 관심을 끌어야 한다. 제목은 전체 내용을 요약한 문구를 사용하면 되지만 네티즌의 관심을 끄는 독특한 문구를 사용하는 것도 좋다. 그러나 유행어를 지나치게 사용하는 것은 삼간다.

⑤ 리스트별로 작성한다

웹 문서의 내용이 길 때에는 리스트나 표로 만들어주는 것이 좋다. 지나친 서술형의 문장은 내용 파악을 어렵게 하므로 가급적 리스트나 표를 활용하면 좋고, 이때 완벽한 양식을 갖추는 것도 중요하다.

⑥ 맞춤법에 어긋나는 글자나 오탈자가 없는지 확인한다

모든 글은 맞춤법, 표준어 규정에 어긋나는 글자나 오탈자가 있어서는 안 된다. 비즈니스 글은 더욱 철저히 지켜야 한다. 웹 문서에서 맞춤법이 틀리거나 오자가 있으면 개인이 아닌, 회사 전체의 이미지와 연결된다. 웹에다 글을 올릴 때에는 오자나 탈자가 없는지 확인하고 올린다.

[웹 문서]

사례 1

회 사 소 개

미디어 환경이 날로 새로워지고 있습니다.
현대는 첨단 미디어시대입니다.
과거 오프라인 미디어에서 온라인 미디어로 확장되고 있습니다.
누구나 주인이 되고 운영자가 되는 일인 미디어시대도 열리고 있습니다.

M&W는 미디어콘텐츠 생산 전문기획사입니다.
M&W는 첨단미디어 시대를 맞아 미디어산업의 발전과 도약에 기여하고자 설립되었습니다.
미디어의 가장 핵심적인 콘텐츠분야에 속하는 기사원고와 전문원고의 생산, 콘텐츠 생산과 미디어 제작을 핵심 업무로 하고 있습니다.

M&W의 특징은 다음과 같습니다.

첫째, 전문 인력으로 구성되어 있습니다
M&W는 콘텐츠 제작 전문 인력으로 구성되어 있습니다. 특히 M&W는 전문적인 기사작성을 하는 기자들로 구성되어 있으며 윗선에는 메이저 언론사에서 10년 이상의 취재와 기사작성을 직접 경험한 인력이 포진되어 있습니다.

둘째, 전문적인 시스템을 갖추고 있습니다
M&W는 기존의 메이저 언론의 시스템을 그대로 갖추고 있습니다. 모든 기사나 생산물은 현장 기자들이 취재하고 기사를 작성하고 난 뒤 반드시 팀장의 최종 확인작업을 거쳐 생산합니다. 필요한 경우에는 기사의 가공과 편집도 철저하고 완벽하게 해드립니다.

셋째, 완벽한 콘텐츠를 제공합니다
일반 기사는 물론 전문적인 글이나 콘텐츠, 미디어제작도 메이저 언론에 준하는 수준에서 완벽하게 제공합니다. 특히 생산된 콘텐츠는 일체 수정이나 보완이 필요하지 않을 정도로 철저하고 확실하게 생산해 드립니다.

=> 웹 문서는 일반 문서보다 내용을 더 간결하게 담아내는 것이 좋다. 내용이 장황하고 지나치게 서술적이면 웹 문서로 바람직하지 않다. 서술방식은 일반 문서와 비슷하지만 핵심적인 내용만을 담아내는 것이 좋다.

[**웹 문서**]

사례 2

> 삼성전자의 경영이념은
> "인재와 기술을 바탕으로 최고의 제품과 서비스를 창출하여
> 인류사회에 공헌한다." 입니다.
>
> 이는 삼성전자가 인재를 가장 중요하게 생각하고, 인재를 키워 나가는 기업임을 뜻하며, 각 개인이 글로벌 시대를 선도 할 수 있도록 자신의 능력을 최대로 계발하고 미래를 개척하며, 인류의 발전에 기여하는 창의적이며, 열린 사고를 가진 인재를 양성하는 것을 의미합니다.
>
> 즉 인재 양성을 통해 삼성전자는 인류의 행복과 새로운 Life Style을 창조해 나갈 수 있는 참다운 기술을 발전시켜 인류사회에 공헌하고자 하는 것입니다.
>
> 이와 함께 삼성전자는 인재와 첨단 기술력의 조화로운 운용을 통한 책임경영을 실천하고 있습니다.
> 모든 기업활동은 사회와 인류의 공동번영을 위해 전개되어야 하며 삼성전자는 이의 실천을 위해 최선을 다하고 있습니다.
>
> 경영이념을 실천하기 위한 삼성인의 정신은 삼성전자 구성원 모두의 행동방침이며 다짐입니다.
> "고객과 함께 한다, 세계에 도전한다, 미래를 창조한다."
> 삼성인은 항상 이 정신을 잊지 않고, 마음에 되새기고 있습니다.

=> 삼성전자의 경영이념에 관한 웹 문서이다. 회사의 경영이념에 대해 핵심적인 내용만을 담아내고 있다. 특히 웹 문서는 단락을 구분해 전개하는 것이 좋다.

2. 이메일

　　최근 들어 직장인의 이메일 사용이 급속도로 증가하고 있다. 이제는 일반 비즈니스 글조차도 이메일로 전송하는 경우가 많다. 특히 전자 결재 시스템이 도입되어 이메일 사용이 직장인의 생활 문화로 정착되고 있다. 이메일이 활성화되는 것은 업무를 추진할 때 전화보다 효율적이며, 편지보다 덜 형식적이기 때문이기도 하다. 그리고 작성 또한 간단하다는 것이 매력이다.

　　그러나 이메일을 가벼운 글쓰기로 여겨서는 안 된다. 개인적으로 이용할 때에는 별다른 고려 없이 써도 무방하지만 업무상 사용할 때에는 비즈니스 글쓰기의 기본적인 테크닉을 익혀야 한다.

　　현재 직장에서 이메일은 비교적 간단한 정보 전달을 할 때에만 사용한다. 예를 들어 고객이나 직원의 안부나 인사, 업무상의 연락이나 사내외의 메모용으로 사용하는 것이 일반적이다. 물론 간단한 보고서나 문서를 전달할 때에도 사용한다.

1) 본문 쓰기

업무용 이메일은 일상적인 이메일과는 다르다. 일상적인 이메일은 사적인 내용이 주를 이루지만 업무용 이메일은 공적인 내용을 담아낸다. 즉 회사의 업무와 관련된 비즈니스 문서다. 그러므로 이메일을 작성할 때에는 업무상의 글쓰기라는 생각을 먼저 해야 한다. 무심코 일상적인 이메일로 착각하여 작성하다가는 피해를 당할 수 있다. 회사의 중요 업무와 관련이 있거나 고객의 편리를 제공하는 메일임에도 불구하고 가볍게 서술하거나 사적인 감정을 드러내다가는 회사의 업무에 지장을 초래할 수 있다.

업무용 이메일은 용건 중심으로 서술하도록 한다. 개인적인 이메일일 때에는 용건과 함께 주변적인 이야기를 적어도 되지만 업무용 이메일은 업무와 관련된 내용이 담겨야 한다. 간혹 상대와 친숙하다는 이유로 격식을 갖추지 않고 쓰는 경우가 있다. 잘못하면 업무상의 불편을 초래할 수 있고 직장인 이미지에도 맞지 않는다.

현재 직장에서 이메일을 작성하는 형태로는 두 유형이 있다. 하나는 문서 형식으로 메일에다 바로 담아내는 것이고 다른 하나는 첨부 문서를 전달하기 위해 사용하는 형식이다. 두 방식 모두 이메일 작성에 활용되지만 편지, 또는 문서 형식으로 담아내는 이메일 작성법이 더 많이 쓰인다.

문서 형식의 이메일 역시 역피라미드형을 취하는 것이 좋다. 역피라미드형 구성은 핵심적인 내용을 명확하게 전달하는 데 상당히 효과적인 글 구성이다. 예를 들어 콘서트 자료 요청에 관한 업무적인 부탁의 이메일을 보낸다고 하자. 이때에는 "콘서트 자료에 관해 문의드립니다. 이번 콘서트에 우리 회사 직원들과 함께 업무상의 이유로 참가하고자 합니다. 콘서트가 언제, 어디서 개최되는지 정확한 자료를 보내주시기 바랍니다. 참가시 필요한 준비 사항도 있으면 메모 주시기 바랍니다. 감사합니다"라는 식으로 전개하면 된다. 메일을 작성할 때 안부 인사를 먼저 하기도 한다. 그러나 안부를 물을 때에는 어느 정도 거래가 있는 경우에 한한다. 안부 인사를 하게 될 경우에도 서두에 하기보다는 용건을 먼저 적고 난 다음에 서술한다. 서두에 안부를 묻게 되면 용건에 관한 핵심적인 전달이 희석될 수 있다. 중요하지 않은 메일로 간주해 읽지 않는 일도 생길 수 있다. 그러므로 업무용 메일은 용건을 중심으로 역피라미드형으로 구성하도록 한다.

첨부 문서를 전달하기 위해 쓰는 이메일은 역피라미드형을 취하지 않아도 된다. 이때에는 이메일의 본문 내용보다는 첨부 문서가 더 중요할 수 있다. 첫 부분에 안부 인사를 묻고 첨부 문건을 보낸다는 사실을 언급하면 된다. 그리고 부탁 사항이 있을 때에는 마지막 부분에 서술한다.

그런데 이메일을 쓸 때에는 글의 구성도 중요하지만 형식도 중요하다. 이메일을 서면상에서보다 장황하게 쓰는 경우가 있다. 개인적인 메일일 경우 상관없지만 업무적인 이메일일 때에는 좋지 않다. 내용은 간략하게 핵심적인 부분만 언급한다. 지나치게 만연체로 흐르면 읽기 거북할 수 있다.

용건에서 여러 가지 내용을 전개할 때에는 단락별로 나눠주는 것도 필요하다. 이때에는 단락과 단락 사이에 한 줄 띄어 전개하면 상대가 읽기에 수월하다. 첨부의 내용이 있을 때에는 반드시 본문에서 언급해야 하며, 본문 내용의 길이는 스크롤을 넘기지 않는 것이 좋다.

2) 제목 달기

이메일의 제목 쓰기는 간단하지 않다. 이메일의 제목을 생각 없이 달았다가 낭패를 당하기도 한다. 특히 최근 들어 스팸 메일과 광고 메일이 일반인은 물론 직장인들의 메일 주소로 물밀듯이 전달되고 있다. 때문에 많은 사람들이 제목이 이상하거나 자극적이면 곧바로 삭제하는 경우가 많다. 업무상 중요한 내용의 메일이지만 제목이 잘못 붙여지면 보내지 않은 것만 못한 경우가 생긴다.

이메일의 제목은 크게 두 유형으로 나눈다. 하나는 일상적 서술형이고 다른 하나는 본문 내용의 축약형이다. 일상적 서술형은 일상생활에서 말하듯 평범하게 전개하는 것이고 내용 축약형은 본문의 내용 가운데 핵심적인 문구나 집약적인 표현을 사용하는 것을 의미한다. 일상적 서술형은 기존에 상대와 어느 정도 친분이 있거나 업무상으로 거래가 있는 경우에 쓰면 좋다. 또 기존에 거래가 없었더라도 사전에 전화로나 메일로 내용에 대해 기본적인 언급을 한 경우에는 써도 된다. 이때에는 대개 회사와 본인의 이름을 거론하면 된다. 예를 들어 '삼성전자 이규민 부장입니다' 또는 '현대물산 강 부장입니다' 라는 제목이 사용된다.

그러나 이메일 제목은 본문의 내용을 축약하는 형태가 일반적이다. 내용 축약형은 무엇보다 언급하고자 하는 내용의 핵심을 전달해야 하며 가급적 짧고 간결하게 표현하는 것이 좋다. 이메일의 제목은 10자를 넘기지 않는다. 제목을 달 때 하나의 문장으로 표현해도 되고 명사구로 작성해도 무방하다. 예를 들어 콘서트에 참가 문의를 할 때 '콘서트 참가 문의드립니다' 또는 '콘서트 참가 문의' 하는 식으로 표현하면 된다. 내용이 길어질 때에는 명사구로 표현하고 길지 않을 경우에는 완전한 문장으로 담아낸다. 완전한 문장은 완곡한 이미지를 주는 데 적합하다.

이메일의 제목은 일반 비즈니스 글의 제목과는 또 다르다. 일반 비즈니스 글의 제목은 고답적이지만 이메일의 제목은 보편적이며 유려하다고 할 수 있다. 예를 들어 제안서의 경우 '직원 업무 교육에 관한 건'이란 제목을 달지만 이메일은 이보다는 '직원 업무 교육 자료'란 제목이 더 합당하다.

물론 제목을 달 때에는 스팸 메일과 광고 메일에서 자주 쓰이는 단어의 사용은 삼간다. 잘못 사용하면 업무용 메일이 아니라 광고 메일로 착각하는 일이 생길 수 있다. 예를 들어 광고나 홍보, 무료, 동영상이란 단어의 사용은 가급적 자제한다. 뿐만 아니라 (긴급) 신호 플래그는 남발하지 않는 것이 좋다. 급하다는 이유로 남발하면 정말 긴급할 때 제구실을 못한다. 물론 사업상 긴급하다고 해서 상대 쪽에서 빨리 처리해 주는 일은 많지 않다. 서둘러 처리해야 할 일이라면 사전에 메일을 발송하도록 한다.

3) 답장하기

일반적으로 메일을 받으면 답장을 써야 한다. 일상적인 메일은 필요에 따라 답장 메일을 보내지 않아도 상관없다. 그러나 사업상의 이유로 메일을 받았을 때에는 반드시 답장 메일을 보내는 것이 좋다. 중요한 메일은 수신 확인을 하면 되지만 그렇지 않은 경우에도 답장 메일을 보내는 것이 고객 관리 차원에서 바람직하다.

답장 메일은 비교적 간단하게 쓸 수 있다. 역시 용건 중심으로 간략하게 언급하면 된다. 예를 들어 "메일을 잘 받았습니다. 자세히 검토한 후 빠른 시일 내에 답변을 드리겠습니다. 앞으로도 지속적인 관심을 부탁드립니다. 감사합니다"라는 식으로 표현하면 된다. 물론 어떤 메일을 받았는지에 따라 표현이 달라진다. 일반적으로는 최대한 겸손하게 표현하도록 한다. 특정 업체에서 발송된 메일에 대해서는 특정 문구의 자동 회신을 설정해도 무방하다. 공적인 성격을 많이 띠는 업체일 경우에는 이렇게 해도 무방하지만, 개별적으로 거래가 이루어지는 업체에 대해서는 손수 답장을 써서 전달하는 것이 좋다.

답장은 메일을 확인하는 즉시 발송한다. 업무상 바쁘다는 이유로 미루면 잊어버리기 쉽다. 업무용 메일은 하루에 수십 통씩 전달되기도 한다. 답변을 미루거나 하지 않으면 상대가 무성의하다고 생각할 수 있다.

이메일 작성시 주의사항

① 회사의 기밀 사항은 반드시 체크한다
직장에서 메일을 쓸 때 정확한 정보를 제공한다는 생각으로 관련 내용을 모두 알려주면 곤란하다. 회사의 업무 가운데 중요한 부분이 있고 외부에 유출해서는 안 되는 내용이 있다. 상대에게 친절을 베풀고 개인

적인 환심을 사기 위해 회사의 업무 정보까지 누설해서는 곤란하다. 이메일은 개인적인 용도로 쓰지 않는 한 직장인의 업무 문서다. 나중에 문제가 될 때에는 중요한 증거 자료로 제시될 수도 있다. 특히 동료나 부하 직원에 관한 내용이나 회사에 대한 불평 불만 사항은 적지 않아야 한다. 이메일을 쓸 때에는 내용을 반드시 확인하고 보낸다.

② 개인의 감정을 드러내서는 안 된다
직장에서 이메일을 쓰다 보면 사적인 메일로 오인하는 경우가 가끔 있다. 그리고 업무적인 일이라도 친숙한 사람일수록 다정다감하게 메일을 쓰고 싶은 것이 인간의 심리이다. 그러나 직장의 업무 메일은 개인의 감정을 드러내서는 곤란하다. 직장의 모든 일은 업무라는 사실을 망각해서는 안 된다.

③ 내용은 스크롤을 넘지 말아야 한다
이메일의 장점은 길이 제한이 거의 없다는 점이다. 그러나 이메일은 웹상에서 보게 된다. 지나치게 길게 쓰면 보기에 불편하고 내용을 이해하는 것도 쉽지 않다. 이메일은 가능한 한 간결하고 짧게 용건만 서술하는 것이 좋고, 많아도 한 스크롤이 넘지 않도록 한다. 한 스크롤이 넘을 경우 첨부 파일을 활용하는 것이 좋다.

④ 내용은 반드시 확인한다
이메일은 종이에다 작성하는 것이 아니라 컴퓨터에서 작성해 보낸다. 이렇게 웹상에서 작성하다 보니 내용을 정확하게 검토하지 않는 경우가

있다. 그러나 업무상 이메일은 신중하게 작성해야 하고 검토 또한 철저해야 한다. 정확하게 검토하지 않고 보내면 나중에 무엇이 문제인지를 파악할 수 없다. 전송하기 전에는 반드시 내용을 다시 한 번 확인하는 것을 잊어서는 안 된다.

⑤ 전송은 1회에 완벽하게 끝낸다

이메일은 처음 보낼 때 완벽하게 작성해 보내는 것이 좋다. 전송이 편리하다는 이유로 대충 작성해 보냈다가 다시 추가되는 내용을 보내는 일도 있다. 업무상 이메일은 1회에 완벽하게 작성해 보내는 것이 깔끔하다. 받는 사람의 입장에서 정리하기도 편하고 정확한 내용을 전달받을 수 있기 때문이다. 이메일을 보낼 때에는 완벽하게 작성해 단 한 번만 보낸다는 생각을 갖고 있어야 한다.

⑥ 맞춤법과 오자를 확인한다

업무상 이메일은 비즈니스 글이다. 맞춤법이 맞지 않거나 표현이 잘못되면 문제가 발생할 수 있다. 이메일을 작성한 다음에는 프린트를 해 검토하는 것도 좋지만 웹상에서 적어도 두 번 이상 문장의 표현이나 맞춤법을 검토하는 것이 좋다.

⑦ 수신과 참조의 활용에 주의한다

이메일은 일정한 양식을 갖고 있다. 보낸이(발신)와 받는이(수신), 함께 받는이(참조), 비밀 참조의 항목으로 구성되어 있다. 일대일로 메일을 주고받을 때에는 상관없지만 여러 사람에게 동시에 보낼 때에는 신중해야 한다. 자신의 이름이 '수신'에 적혀 있으면 메일을 정독하고 '참조'에 있으면 속독하는 경향이 있다. 상대방이 정독해야 한다고 생각될 때에는 반드시 '수신'에 상대의 이름을 적는다. 그리고 하나의 메일을 한꺼번에 여러 사람에게 보낼 때에는 '비밀 참조'를 활용한다. '비밀 참조'는 이름만 표시되는 만큼 다른 사람의 메일 주소를 노출시키지 않는 장점이 있다.

[**이메일**]

사례 1

> 제목: 책표지 보내 드립니다
>
> 안녕하세요.
> 미래출판사 이순신입니다.
>
> 표지디자이너가 표지를 보내와서 전달해드립니다.
> 본문 인쇄준비는 모두 되어 있습니다.
>
> 우선 표지의 영문이 정확한지 확인해주었으면 합니다.
> 그리고 책 내용을 한눈에 알아볼 수 있게 부제를 붙이면 어떨까 하는 생각입니다.
> 현재의 책제목으로 충분하다면 그대로 가도록 하겠습니다.
>
> 참고로 말씀드리면,
> 책 내용이 독일, 독일인, 독일인의 삶, 문화, 사고방식 등인데
> 문화라는 용어 하나로 모든 내용을 표현할 수 있을까 해서입니다.
>
> 검토해주었으면 합니다.
>
> 전화드리겠습니다.

=〉 전달내용과 건의 사항을 일목요연하게 담고 있다. 제목도 무난하다. 특히 유의할 점은 제목을 광고문구와 비슷하게 만들어선 곤란하다는 것이다.

사례 2

> 제목: 도서출간 진행일정입니다
>
> 안녕하세요. 미래출판사입니다.
>
> 출간도서의 원고는 현재 원활하게 진행하고 있습니다.
>
> 디자인한 본문원고가 원고가 늦게 도착해 다소 지연되고 있습니다만 출간일정에는 차질이 없도록 하겠습니다.
>
> 교정원고는 4월12일에 보내드릴 예정입니다.
> 재교 시간이 다소 걸려 미리 보내드리지 못했습니다.
>
> 궁금한 점이나 건의사항이 있으면 언제든지 연락주시기 바랍니다.
>
> 이순신 드림

=> 편지 형식의 이메일이다. 제목과 본문에서 핵심적인 내용만을 담고 있다. 이메일은 사적인 것이 아닌 이상 장황한 내용을 서술하는 것은 바람직하지 않다. 본문에서 내용이 달라질 때에는 한줄 띄어 쓰는 것도 좋다. 전달자를 본문에서 언급하지 않았을 때에는 마지막 부분에 서술하는 것이 좋다.

3. 프레젠테이션

발표는 글쓰기 못지않게 중요하다. 발표가 사회생활의 기본 능력에 속한다는 인식이 확산되면서 대학 교육에서도 상당히 중요시하게 되었다. 일부 대학에서는 아예 '발표와 토론'이란 교과목을 개설해 시행하고 있다. 발표는 개인의 생각이나 지식을 전달하거나 소개할 때에도 필요하다. 특히 직장인들에게 발표는 개인의 능력과 직결된다.

어떤 형식으로 발표하느냐도 상당히 중요하다. 발표는 자신이 전하고자 하는 메시지를 분명하고 효과적으로 전달하는 것이 목적이다. 특히 듣는 사람을 염두에 두고 얼마나 효과적이고 체계적으로 자신의 의견이나 주장을 전달하느냐가 관건이다. 과거에는 요약문을 작성해 발표하는 경우가 많지만 최근 컴퓨터를 활용해 발표하는 일이 보편화되었다.

프레젠테이션(presentation)은 보고, 또는 발표를 의미한다. 대중에게 자신의 의견이나 업무 내용을 설명하는 행위인 것이다. 직장에서는 흔히 축약해서 PT라고 말한다. 프레젠테이션은 연설만으로 가능하지만 브리핑 차트나 투영기(Over Head Projector: OHP), 35밀리미터 슬라이드, 유인물을 함께 사용하기도 한다. 액정 패널(LCD Panel)이나 액정 비전(LCD Vision), 비디오 프로젝션(Video Projection)을 이용해 시각적으로 더욱 생생하게 발표하는 경우도 많다.

프레젠테이션은 무엇보다 사업상, 또는 업무상의 내용을 상대에게 정확하고 효과적으로 전달하기 위한 행위인 만큼 다양한 자료를 활용할 수 있지만 직장에서 가장 많이 활용되는 것은 파워포인트다.

파워포인트 활용이 증가하는 이유는 실용적인 접근과 자료의 시각적 제시, 대외적인 이미지 제고 등의 목적이 복합적으로 작용한 영향이 크다.

파워포인트 작성에는 신중을 기해야 한다. 상대가 보았을 때 정확하고 세련된 이미지를 주어야 한다. 어설프게 작성된 파워포인트는 문서 자료를 제시하는 것보다도 못한 결과를 초래할 수 있다.

파워포인트 작성은 시각적 효과가 우선이다. 일반 글을 쓸 때에는 내용을 깊이 있고 논리적으로 담아내야 하지만 파워포인트는 핵심적인 내용만을 담아내면 된다. 글의 핵심적인 내용을 파악하고 그 내용을 어떻게 요약적인 문장으로 담아내느냐가 관건이다. 그런 만큼 파워포인트의 작성은 다른 비즈니스 글쓰기보다 어렵지 않다. 핵심적인 내용을 끄집어내어 표현할 수 있는 능력만 있으면 누구나 가능하다.

파워포인트는 두 가지 형태로 작성된다. 하나는 일반 글쓰기를 하고 난 다음 그 내용을 파워포인트에 담아내는 방식이고 다른 하나는 일반 글쓰기를 하지 않고 파워포인트만 작성하는 것이다. 두 가지 가운데 상대 회사 또는 기관의 요구에 따라 작성 방법은 달라진다. 일반적으로는 글쓰기와 파워포인트 작성을 동시에 하는 경우가 많다. 파워포인트는 시각적 효과가 크지만 구체적인 사업 내용이나 계획을 정확하게 알리거나 장기간 검토하려 할 때에는 큰 효과를 발휘하지 못하기 때문이다. 물론 이때 문서에는 좀더 세부적이고 구체적이며 깊이 있는 내용을 담고 파워포인트에는 개괄적이고 핵심적인 내용만을 담아내야 한다.

일반 문서를 작성하지 않고 파워포인트만 작성하는 경우에는 기존에 내용을 어느 정도 알고 있는 상태에서 깊이 있는 정보를 요구하는 것이 아니라 단순한 프레젠테이션 형태를 취할 때 주로 사용된다. 특히 사내에서 행사를 기획하거나 업무를 추진할 때 상급자들에게 설명을 하거나 리뷰를 할 때 활용된다. 문서와 함께 파워포인트를 작성하는 경우에는 새로운 프로젝트나 사업상 중요한 내용일 때 활용한다.

파워포인트를 작성할 때에는 무엇보다 종이 지면이 아니라 컴퓨터의 화면을 통해 보여진다는 점을 염두에 둬야 한다. 파워포인트 화면은 인쇄물에 비해 해상도가 떨어지며 모니터 화면을 통해 보여지기 때문에 한 화면에 많은 내용을 담기 어렵다. 또한 인쇄물과 달리 발표자의 내용 설명에 집중하지 않으면 전후 맥락을 알기가 쉽지 않다. 물론 파워포인트는 인쇄물에 비해 적은 내용을 부분적으로 담아내어 전달하는 데 탁월한 효과가 있다. 그래서 일부에서는 파워포인트가 발표 내용의 이해를 증진하기보다는 세뇌시키는 도구라는 지적도 있다. 파워포인트를 작성할 때에는 이러한 점을 염두에 두고 작업한다.

파워포인트의 작성 원칙은 크게 세 가지로 나눈다. 단일성, 단순성, 가독성이다. 단일성은 한 장의 슬라이드에 하나의 아이디어만을 전달한다는 뜻이다. 파워포인트의 한 페이지는 일반 인쇄물의 글 가운데 한 문단과 같다. 지나치게 많은 내용은 담아낼 수 없으므로 가능한 한 간결하고 축약적으로 표현해야 한다. 단순성이란 지나치게 정교하거나 복잡한 내용을 담아내서는 곤란하다는 의미다. 파워포인트의 화면은 작다. 뒷자리에 앉아 있는 청중이 한눈에 내용을 파악하려면 단순하게 구성해야 한다. 그리고 파워포인트의 한 장을 설명할 때에는 1분을 초과하지 말라는 주장도 있다. 복잡하거나 많은 내용을 담아내지 말고 되도록이면 단순하게 구성하라는 의미이다. 가독성 또한 이와 무관하지 않다. 가독성은 청중이 읽기 쉽도록 만들라는 뜻이다. 파워포인트를 작성할 때 슬라이드 한 장에 여덟 줄 이상을 담아내서는 안 되며 한 줄에 여덟 단어를 넘어서는 안 된다는 원칙이 있다. 한 장의 슬라이드에 여덟 줄 이상의 내용을 담아내면 청중이 글자를 읽기가 곤란하다는 이야기다.

파워포인트의 전체적인 구성 또한 중요하다. 파워포인트의 전체적인 구성은 일반 글쓰기 형태로 비교하자면 기획서의 순서로 구성하는 것이 좋다. 첫 부분에는 개괄적인 내용을 열거하고 그 다음에 핵심적인 내용을 담아낸다. 그리고 덜 중요하거나 참고 사항이 될 만한 내용을 맨 마지막에 열거하는 것이 좋다. 맨 마지막 부분에는 전체적인 내용의 핵심을 한 번 더 요약하는 것이 내용 전달에 효과적이다. 파워포인트는 여러 장의 슬라이드로 구성되는 만큼 청중들이 전체 내용을 이해하기가 쉽지 않다. 발표자가 부분적으로 설명할 때에는 내용을 이해하는 것이 어렵지 않지만 전체적인 내용을 요약적으로 받아들이기에는 다소 어려운 부분이 있다. 따라서 마지막 부분에서는 핵심적인 내용을 간략하게 간추려서 전달한다.

전체적인 구성에서는 되도록이면 서술적으로 나열하기보다는 이미지를 활용하는 것이 좋다. 특히 도표나 그래프를 활용하면 청중이 내용을 이해하기 쉽고 신뢰도 가지게 된다.

파워포인트 작성시 주의사항

① 페이지는 가로로 설정한다
파워포인트는 청중에게 내용을 효과적으로 전달하는 게 일차적인 목적이다. 그러므로 청중의 눈 흐름에 맞춰 작성하는 것이 좋다. 파워포인트에서 사용하는 문장이나 그림 등은 가급적 가로로 전개하는 것이 효과적이다. 세로로 전개하는 경우도 간혹 있지만 적절하지 않다. 청중에게 불편을 줄 뿐만 아니라 내용을 효과적으로 전달하는 데 장애가 될 수 있다.

② 한 장에는 한 가지 개념만을 표현한다
파워포인트는 좁은 지면을 활용하는 발표 자료다. 한 장에 하나의 개념만을 넣도록 한다. 한 장에 둘 이상의 내용을 담아내면 효과적으로 전달할 수 없다. 동일한 내용을 연속적으로 담아낼 때에는 상단에 기본 타이틀을 사용하는 것도 무방하다.

③ 내용은 간략하게 담아낸다
파워포인트는 내용을 간략하게 전달하는 것이 중요하다. 하나의 화면에 너무 많은 정보를 넣는 것은 곤란하다. 내용 전체를 서술하기보다는

요점이나 핵심만을 전달한다.

④ 서술적인 문장보다는 요약 어구를 사용한다
파워포인트는 시각적 효과를 주기 위한 목적이 크다. 좁은 지면에 내용을 담아낼 때에는 완전한 문장보다는 요약 어구로 표현하는 것이 좋다. 완전한 문장으로 담아내면 내용이 복잡해질뿐더러 시각적 효과도 살리기가 어렵다. 가능하면 간결하게 담아내는 것이 핵심인 만큼, 요약문을 사용하도록 한다.

⑤ 요약문의 주어는 일치해야 한다
파워포인트에 요약문을 담아낼 때에는 주어가 항상 일치해야 한다. 가끔 파워포인트의 요약문을 보면 주어가 일치하지 않아 청중들이 당황하는 일이 생긴다. 예를 들어 생략된 주어가 정부라고 하자. 첫번째 요약문은 '경제 개발 신프로젝트 착수' 이고 두 번째 요약문이 '성공적인 사례 보장' 이라면 두 요약문의 주어가 일치하지 않는다. 앞의 문장에서는 주어가 정부가 되지만 뒤의 문장에서는 주어가 정부가 아닌 제3자가 된다. 따라서 요약문을 사용할 때에는 주어가 일치하는지 검토한다.

⑥ 복잡한 내용은 시각 자료를 활용한다
복잡한 내용은 도표나 그래프를 활용하는 것이 효과적이다. 특히 파워포인트는 내용을 시각화할수록 청중에게 효과적으로 전달된다. 비교 자료나 통계적인 내용은 가능한 한 도표나 그래프로 나타내도록 한다.

⑦ 글자 크기는 청중 모두가 볼 수 있도록 한다

파워포인트는 청중이 보기 쉽도록 해야 한다. 글자 크기를 지나치게 작게 하거나 크게 하는 것은 문제가 된다. 내용을 많이 담아내려고 글자를 작게 하면 시각적 효과를 살릴 수 없으며, 반대로 글자를 지나치게 크게 할 경우에는 내용이 부실해 보일 수 있다. 글자 크기는 가능한 한 파워포인트의 전체 내용과 조화를 이루도록 한다.

⑧ 복잡한 자료의 표시는 다중 페이지로 구성한다

복잡한 자료를 나타낼 때에는 여러 장으로 구분해 작성한다. 이때에는 매번 상단에 관련 타이틀을 명시하는 것이 좋다. 복잡한 자료를 한 장에 담아내는 것은 쉽지 않다. 또한 지나치게 많은 내용을 한 장에 담아내다 보면 파워포인트로서의 기능을 상실할 수 있다. 이때에는 여러 페이지로 구성하면 되는 것이다.

⑨ 오자나 탈자는 반드시 확인한다

파워포인트는 짧은 내용을 간략하게 담아낸다. 짧은 글에서 오자나 탈자가 있으면 곤란하다. 이럴 경우 발표 내용에 대한 신뢰성도 떨어진다. 파워포인트를 작성할 때에는 반드시 오자와 탈자가 없는지 확인해야 한다.

8장 주옥같은 비즈니스 글쓰기

1. 비즈니스 글의 표현법

글에는 나름대로 표현 규칙이 있다. 글의 표현 규칙은 글 쓰는 사람의 편리 도모보다는 독자를 위한 배려다. 독자가 가능한 한 내용을 빠르고 정확하게 이해하도록 하는 데 목적이 있다. 물론 개인적으로 쓰는 글에는 표현 규칙이라는 게 없다. 개인이 잘 이해하면 그만이다. 암호를 사용하든 비밀 문자를 사용하든 상관이 없다. 그러나 공적인 글이나 공개적인 글을 쓸 때는 독자를 의식하는 것이 최소한의 에티켓이다.

비즈니스 글의 표현 규칙이 필요한 이유는 회사 또는 사업상의 목적에 좀더 부합하는 내용을 표현하기 위해서다. 그리고 특별한 경우가 아니면 대부분 다른 글의 표현 규칙을 그대로 수용한다. 특히 미디어 글의 표현 규칙을 따르면 어느 정도 쉽게 활용할 수 있다.

① 존대어는 상황에 맞게 사용한다

비즈니스 글은 정중함과 예의를 갖추는 것이 기본인 만큼 일반적으로 존대어를 사용한다. 예를 들어 직장인들이 가장 많이 쓰는 비즈니스 레터의 경우 거의 존대어를 사용해야 한다. 공문서나 기안서도 마찬가지다. 그러나 기획서나 보고서, 보도자료는 존대어를 사용하지 않는다. 이들 글은 읽는 사람이 아무리 높은 지위에 있어도 마찬가지다. 일반 글과 동일하게 존대어를 사용하지 않는 것이 대원칙이다.

② 약칭은 두 번째 언급부터 사용한다

글을 쓰다 보면 약칭을 사용하는 일이 생긴다. 특히 조직이나 단체의 이름이 상당히 긴 경우에 매번 원이름을 그대로 쓰면 글을 쓰는 사람도, 읽는 사람도 번거롭기는 마찬가지다. 이럴 때는 두 번째 언급부터 약칭을 사용하는 것이 일반적이다. 반드시 약칭을 사용한다는 언급을 괄호를 통해 미리 서술해야 한다. 물론 대중적으로 통용될 때는 굳이 언급할 필요는 없다. 예를 들어 서울대학교는 두 번째부터 서울대라고 써도 무방하다. 그리고 아예 약칭으로 통용되고 있는 경우에는 처음부터 약칭을 써도 된다. 예를 들어 열린우리당이나 국가정보원의 경우에는 첫번째 언급부터 우리당 또는 국정원으로 표기해도 상관없다.

③ 인명은 반드시 한글로 표기한다

비즈니스 글에서 인명이 직접 거명되는 경우는 많지 않은데 거론할 경우에는 한글로 표기하는 것이 원칙이다. 한자를 병기할 때에는 괄호를 사용한다. 일부 비즈니스 레터에서는 발신자의 이름을 한자로 쓰기도 하는데, 특별한 경우가 아닌 한 한글 이름을 사용하는 것이 좋다. 현재 대부분의 글에서 한자보다는 한글의 표기를 더 선호한다.

④ 인명의 경칭으로는 남녀를 불문하고 '님' 자를 붙인다

비즈니스 글을 쓰다 보면 인명 사용에 대해 고민하게 된다. 그냥 인명만 사용해도 되는지, 인명 다음에 경칭을 붙여야 하는지 결정하기 쉽지 않다. 비즈니스 글은 대부분 고객 또는 소비자를 대상으로 하는 만큼 남자와 여자를 불문하고 이름 다음에 '님' 자를 붙이는 것이 원칙이다. 특히 비즈니스 레터를 쓸 때 글 내용에서는 물론 우편 봉투에 이름을 적을 때도 '님' 자를 반드시 붙인다.

⑤ 가급적 인물의 직함을 사용한다

비즈니스 글에서 직함이 있는 인물을 거명할 때에는 '님' 자 대신 직함을 사용하는 것이 원칙이다. 직함은 회사나 단체명과 분리해서 사용하는 것이 일반적이다. 예를 들어 삼성전자 부장 홍길동 님이 아니라 삼성전자 홍길동 부장으로 표기한다.

⑥ 외국인의 이름은 원음 그대로 표현한다

외국인의 이름은 현지 발음 그대로 써주는 것이 원칙이다. 영어권 인명도 원 발음을 그대로 살려 표기한다. 일부 낯선 외국인의 이름을 언론사마다 다르게 표현하는 경우가 가끔 있는데 원 발음을 그대로 살려주는 것이 좋다. 물론 한자권인 중국인과 일본인의 이름을 표기할 경우에는 원음대로 써주고 괄호 안에 한자를 병기해도 무방하다.

⑦ 국명도 원음 그대로 표기한다

　나라의 이름은 현지 발음 그대로 표기하는 것이 원칙이다. 단, 미국이나 일본, 독일 등은 국명이 한글로 굳어진 경우는 예외다. 그 외에는 원래 발음 그대로 기술한다.

⑧ 회사명은 맞춤법이 틀려도 그대로 사용한다

　우리나라 기업들의 이름을 보면 영어로 표기하는 경우가 최근 들어 상당히 증가하고 있다. 그런데 영어명의 발음이 현지 발음과 다른 예가 많다. 기업의 이름은 고유명사에 해당하기 때문에 이때는 기업에서 사용하는 표기 그대로 쓰는 것이 원칙이다. 설사 국어나 외래어의 표준 표기와 다르더라도 원명 그대로 써야 한다. 맞춤법과 스펠링이 틀린 경우라도 마찬가지다.

⑨ 숫자는 아라비아 숫자로 표기한다

　미디어 글에서는 작은 숫자는 아라비아 숫자로 표기하는 것이 원칙이다. 반면에 큰 단위의 숫자인 경우에는 십 단위로 풀어 아라비아 숫자를 사용한다. 7,000,000원이면 7백만 원으로 적는다. 그러나 비즈니스 글은 전체 숫자를 아라비아 숫자로 표기하는 것이 원칙이다. 비즈니스 글은 문서적인 성격을 강하다. 글귀 하나하나가 증거 자료로 제시된다. 그만큼 숫자의 정확한 표현이 중요하다. 특히 사업적인 돈거래에서는 정확성과 명확성을 기해야 한다.

⑩ 단위는 영문으로 표기한다

　단위는 영문 그대로 표기하는 것이 원칙이다. 한글로 표기하면 더 읽기 어려운 경우가 있다. 이럴 때는 정확성도 중요하지만 일반적으로 익숙한 표기를 수용한다. 예를 들어 킬로그램이나 킬로미터, 톤, 센티미터는 kg, km, t, cm 식으로 표기하는 것이 원칙이다. 외국의 화폐 단위 또한 미디어 글에서는 외국 화폐 단위는 한글로 표기하는 것이 기본이지만, 비즈니스 글은 원명 그대로 사용해야 한다.

⑪ 분수는 풀어서 표기하지 않는다

미디어 글에서는 분수를 한글로 풀어서 사용한다. '1/3'이면 '3분의 1'로 표기한다. 반면 비즈니스 글은 수학의 분수 표기를 그대로 사용한다.

⑫ 연도와 날짜는 원래대로 표기한다

연도와 날짜의 표기는 글마다 조금 다르다. 미디어 글에서는 연도와 날짜는 한글과 병행해 사용하는 것이 원칙이다. 예를 들어 1999년 5월은 지난 99년 5월로 표기하는 것이 일반적이다. 그러나 비즈니스 글에서는 연도와 날짜를 줄이지 않고 그대로 사용하며, 한글도 병용하지 않는 것이 기본이다. 그리고 날짜를 적을 때는 '2005년 10월 28일(화)' 처럼 요일도 괄호 속에 반드시 병기하는 것이 원칙이다. 물론 초청장의 경우에는 대부분 연월일의 표시는 숫자 방식을 채택한다. 그러나 보고서나 기획서, 보도자료의 본문에서는 미디어 글처럼 한글과 함께 사용하는 것이 일반적이다.

⑬ 시각은 오전, 낮, 오후, 밤으로 구분해 표기하지 않는다

미디어 글에서 하루의 시각을 나타낼 때에는 아침, 오전, 낮, 오후, 저

녁, 밤으로 구분해 표기한다. 아침 7시, 낮 1시, 오후 3시로 표기하는 것이 원칙이다. 예를 들어 어떤 사건이 14:00에 일어났을 때는 오후 2시로 적는다. 그러나 비즈니스 글에서는 오전과 낮, 오후, 밤으로 구분해 사용하지 않는다. 비즈니스 글에서는 오전 7시는 07:00으로, 오후 4시는 16:00으로 표기한다.

⑭ 문장은 가급적 명사형으로 끝맺는다

비즈니스 글은 완전한 서술형의 동사를 사용하지 않는다. 특히 보고서나 기획서의 경우 문장을 동사의 명사형으로 끝맺는 것이 일반적이다. 이때에는 마침표를 찍어도 되고 찍지 않아도 된다. 다만, 마침표를 사용할 때에는 전체 문장에서 사용하고, 사용하지 않을 때에는 전체적으로 사용하지 않는다. 예를 들어 '시상을 하고자 함' 또는 '시상을 하고자 함'을 통일성 있게 표기한다.

⑮ 상부 항목의 문장은 명사로 끝낸다

비즈니스 글에서 상부 항목은 명사로 끝맺고 하부 항목은 동사의 명사형으로 끝맺는다. 일부에서는 상부 항목의 문장은 동사의 명사형으로 끝내고 하부 항목은 명사로 끝맺는 경우도 있지만 이는 정확하지 않다. 예를 들어 주식시장 상승(상부 항목), 전자주식 상승함(하부 항목) 하는 식으로 끝맺어야 한다.

⑯ 참고 문헌은 저자를 먼저 표기한다

비즈니스 글을 쓰다 보면 참고 자료에 대한 표기를 해야 하는 경우가 생긴다. 참고 자료를 언급할 때에는 저자를 먼저 언급하고 책명, 출판사와 출판 연도 순으로 표기한다. 예를 들어 "홍길동, 『비즈니스 라이팅』, 비즈기획, 2005."로 표기해야 한다. 그러나 단행본이 아닌 잡지 또는 소논문을 인용했을 때에는 저자 다음에 논문 제목을 쓰고 잡지명과 권호, 페이지와 연도의 차례로 기술한다. 예를 들어 "홍길동, 「비즈니스 라이팅」, 『직장인 교육』, 제5호, P. 25-45, 2005."로 표기해야 한다.

2. 제목 뽑기

모든 글에서 제목은 한마디로 글의 간판이라고 할 수 있다. 길거리를 지나갈 때 눈에 띄는 간판에 시선을 주듯이 독자들은 눈에 띄는 제목에 주목한다. 아무리 좋은 글이라도 제목이 그저 그러면 독자의 관심을 끌기가 쉽지 않다.

일반적으로 글의 제목은 제일 마지막에 뽑는다. 제목을 먼저 정하고 글을 쓰는 경우도 있지만 대부분은 본문의 글을 모두 쓰고 난 다음에 제목을 단다. 제목을 뽑는 것이 쉽지 않은 부분도 있지만, 제목이 그만큼 중요하다는 의미다.

비즈니스 글에서도 제목은 상당히 중요하다. 비즈니스 글의 제목은 의도적으로 가공하거나 미사여구를 사용하기보다는 핵심 내용을 단도직입적으로 전달하는 것이 중요하다. 비즈니스 글은 특히 사업적인 성격이 강하기 때문에 제목이 일차적으로 독자의 시선을 끌어야 한다.

1) 제목 뽑기의 원칙

① 내용의 핵심을 담아내야 한다

제목은 전체 글 내용의 요약이 아니다. 전체 글에서 핵심적인 가치를 끄집어내되 그 표현은 최대한 압축해야 한다. 일부에서는 전체의 내용을 포괄하는 제목을 뽑기도 하지만 글의 핵심을 짚어내는 것이 중요하다. 하나의 글이 있을 때 어떻게 하면 글의 요약적인 내용을 담아낼 수 있을지 궁리해본다.

제목은 또 간결해야 한다. 독자들의 관심을 끌도록 뽑는 것이 제목이다. 제목이 간결하면 할수록 매력적이고 독자의 관심을 유도할 수 있다. 물론 전체의 내용을 한꺼번에 담아내지 못하는 경우에는 부제목을 달기도 한다. 그러나 제목은 부제목을 넣지 않은 상태에서 간결하게 표현해 내용을 전달하도록 한다. 제목을 간결하게 하기 위해서는 먼저 제목이 될 만한 문장을 뽑은 다음 간결하게 사용할 수 있는 단어나 표현을 생각해보는 것이 하나의 방법이다. 그러면 더욱 간결한 제목을 만들어 낼 수 있다.

② 문법에 맞아야 한다

제목은 글의 간판이다. 아무리 멋진 말을 썼더라도 문법에 맞지 않으면 좋은 제목이 될 수 없다. 물론 제목을 간결하게 하려는 나머지 제목의 술어를 생략하는 경우도 있다. 제목에서 술어의 부분적인 생략은 미디어 글에서 자주 나타나는 현상이다. 이는 독자가 정황적으로 어떤 의미를 주는지에 대해 알 수 있을 때에는 가능하다. 일부에서는 좋은 뉘앙스를 주는 단어라고 해서 제목으로 활용하는 경우도 있다. 가급적 완전한 문장을 담아내는 것이 중요하다. 사정상 주어와 술어가 생략되더라도 의미 전달이 정확한 문장을 사용해야 한다. 특히 문법상 맞는 표현인지 확인할 필요가 있다. 제목에서는 흔히 어순이 바뀌거나 생략되는 수도 있지만 독자가 이해할 수 있는 선에서 이루어져야 한다.

③ 쉬운 단어를 사용한다

미디어 글은 대중을 상대로 한다. 전문인을 대상으로 하는 것이 아니다. 제목에 어려운 단어를 쓰면 일반인들이 이해하기 힘들다. 누구나 쉽게 이해할 수 있는 단어의 쓰는 것이 중요하다. 부득이하게 어려운 단어를 사용해야 할 경우에도 최대한 표현이 쉬운 단어를 선택해야 한다. 비즈니스 글 역시 최대한 쉽게 전달되도록 해야 한다.

④ 의미 중복되는 단어는 사용하지 않는다

제목은 간결하고 적확한 것이 생명이다. 그런데 제목의 가독성을 높이기 위해 일부러 중복해서 쓰기도 한다. 하지만 단어의 중복 사용은 적절한 제목 뽑기가 아니다. 글의 본문도 아닌, 제목에서 같은 단어를 거푸 사용하는 것은 가능한 한 피해야 한다. 예를 들어 〈새해 경기 안정대책 발표 — 정부 부동산대책 완화 검토〉의 경우에는 '대책'이 거듭 사용되고 있다. 〈청소년 축구 끝나기 10분전 끝냈다〉라는 표현에서도 끝냈다는 의미의 단어가 중복 사용되고 있다. 이때에는 의미가 중복되는 단어는 가급적 쓰지 말고 다른 단어를 사용하는 것이 바람직하다. 〈새해 경기 안정대책 발표 —정부 부동산대책 완화 검토〉는 〈새해 경기 안정대책 발표- 정부 부동산정책 완화 검토〉로, 〈청소년 축구 끝나기 10분전 끝냈다〉도 〈청소년 축구 끝나기 10분 전 승리〉로 바꾸는 것이 좋다.

2) 제목 뽑기 4단계

① 글 전체를 꼼꼼하게 읽는다

제목은 글의 내용을 읽지 않고 뽑는 경우는 없다. 본문을 읽지 않고 제목을 뽑으면 추상적이고 막연한 제목이 된다. 그러나 제목은 반드시 본문의 내용에 숨어 있다. 비즈니스 글의 제목도 내용을 충분히 읽고 뽑아야 한다. 그렇지 않고 제목을 뽑으면 설득력 있는 제목이 될 수 없다. 흔히 말하는 '뜬구름 잡는' 제목이 되어버린다. 글을 읽는 동안 어떤 문장을 제목으로 뽑을 수 있을지 생각을 정리하는 것이 좋다. 내용을 읽는 중에 제목으로 적당한 문장을 체크하면 효과적이다.

② 제목을 뽑은 후 다시 한 번 내용을 검토한다

제목 후보를 몇 개 뽑고 나서 다시 한 번 글을 읽는다. 어느 제목이 좀 더 글의 내용 전달이나 독자의 관심을 끄는 데 적합한가를 판단한다. 그리고 핵심이 무엇인지도 판단한다. 최종적으로 하나의 제목을 선택한다. 이때 선택하는 제목은 전체 글의 내용과 가장 부합하고 독자의 관심을 끄는 것이어야 한다. 아무리 논리적이고 간결한 제목이라도 독자의 관심을 끌지 못하면 좋은 제목이라고 할 수 없다. 제목을 선택한 다음에는 다시 본문을 읽고 제목으로서 합당한지 검토한다.

③ 제목의 문장을 다듬는다

제목이 선택되면 문장이 길 수도 있고 짧을 수도 있다. 내용을 포괄적으로 수용하는 문장일 수도 있다. 가능한 한 문장은 짧게 만든다. 그렇다고 의미를 모두 담아내지 못하는 문장이어서는 안 된다. 전체 내용의 의미를 담아내되 제목으로 적합한지를 판단하고 문장을 다듬는다. 세련된 제목이 도출되지 않을 때에는 단어를 부분적으로 바꿔보는 것이 좋다.

④ 정해진 제목을 갖고 다시 한 번 내용을 검토한다

최종적으로 정해진 제목을 가지고 다시 한 번 글 내용을 읽는다. 제목이 글의 내용을 제대로 수용하고 있는지 확인해야 한다. 제목을 짧게 만들다 보면 글의 내용과 빗나가는 경우가 가끔 있다. 가능한 한 글의 내용과 부합하는지 최종적으로 검토한다. 특히 기획서나 보고서 또는 보도자료의 글인 경우에는 정한 제목을 가지고 다시 확인하면서 읽는 것이 필요하다.

3. 가독성 높이기

글의 내용이 아무리 좋아도 읽기가 불편하고 보기가 싫어지면 효과는 반감될 수밖에 없다.

음식도 보기에 좋아야 먹고 싶은 마음이 생기는 법이다. 누군가를 만날 때도 말끔한 차림을 해야 상대에게 좋은 인상을 줄 수 있다. 아무리 선인이고 훌륭한 인격을 지녔더라도 상대와의 첫 대면에서 단정함을 보여야 일차적으로 인간적인 매력을 느끼고 접근하게 된다.

비즈니스 글도 아무리 좋은 내용을 담아냈더라도 제대로 포장하지 않으면 독자의 관심을 끌 수 없다.

비즈니스 글은 대개 의무감 또는 업무를 추진해야 한다는 강박감에서 읽게 된다. 외형적으로 깔끔하지 않아서 읽고 싶은 마음이 안 생기면 글을 탓하기 전에 글쓴이를 원망한다. 대충 썼다는 인상을 은연중에 줄 수 있고 그것은 결국 글을 쓴 사람의 인격이나 능력과 직결된다. 그러다 보면 평가가 좋지 않고 나아가서는 불성실한 직장인으로 낙인찍히기 쉽다.

비즈니스 글의 가독성을 높이려면 마지막 단장을 잘해야 한다. 비즈니스 글은 사업적인 내용을 담고 있는 만큼 딱딱하고 무미건조하다. 마지막의 형식적인 가공이라도 제대로 하지 않으면 독자로부터 외면을 받기 십상이다.

사실 모든 종류의 글에서 가장 신경 쓰는 것이 가독성이다. 대중적인 글인 미디어 글도 당연히 가독성에 엄청나게 신경 쓴다. 신문 기사의 경우 제목과 리드, 본문으로 구성된다. 제목은 글의 간판이고 리드는 글의 내용을 축약해놓은 가이드 문장이다. 이렇게 제목과 리드, 본문으로 구성하는 것도 가독성을 높이기 위한 것이다. 신문 기사의 제목은 독자를 유혹하는 첫 번째 단계이고 리드는 두 번째 단계다. 신문 기사는 우선 제목을 통해 독자로 하여금 읽도록 유혹한다. 그리고 리드로 잡아당기고 마지막으로 본문을 읽도록 하는 것이다.

잡지 기사는 가독성을 높이기 위한 장치가 더욱 치밀하게 되어 있다. 제목과 리드, 본문뿐만 아니라 칼럼명과 부제, 발문, 중간 제목이 더 추가된다.

비즈니스 글도 독자의 시선을 사로잡고 내용을 읽게 만드는 것이 궁극적인 목적이다. 비즈니스 글의 가독성은 글의 포장을 의미한다. 신문이나 잡지 기사처럼 복잡하게 가공하지는 않지만 읽고 싶은 유혹을 느끼도록 외형을 만들어야 한다. 비즈니스 글의 가독성은 제목도 중요하지만 어떻게 하면 글을 잘 포장해 독자로 하여금 읽도록 유도하느냐 하는 것이 핵심이다.

먼저 글 내용에 맞는 양식을 선택한다.

글은 어떤 내용을 담아내느냐에 따라 구성이 달라진다. 글의 구성은 무엇보다 내용을 효과적으로 담아내는 데 결정적이다. 예를 들어 수필에는 마지막 부분에 글의 핵심적인 내용이 담긴다. 기사에는 글의 앞부분에 핵심적인 내용이 들어간다. 그것은 무엇보다 글의 내용을 효과적으로 전달하는 글 구성 방식이다. 내용 구성 못지않게 중요한 것이 양식을 제대로 갖추는 일이다. 특히 엄격한 양식이 존재하는 비즈니스 글은 어떤 내용을 어떤 대상을 위해 쓰느냐에 따라 양식이 완전히 달라진다.

글의 양식은 글의 내용을 전달하는 데 가장 효율적인 외형적인 글틀이라고 할 수 있다.

두 번째로 반드시 격식을 갖춘다.

모든 글에는 격식이 있다. 글의 격식에는 형식적인 격식인 글의 양식과 내용적인 격식인 어투가 있다. 형식적인 격식은 글을 쓸 때 어느 정도 정해지지만, 내용적인 격식은 글을 쓰는 사람이 만들어내야 한다. 어투는 당연히 독자가 누구냐에 따라 달라진다.

비즈니스 글은 특히 독자가 다양하게 나뉜다. 일부 비즈니스 보고서나 보도자료, 기획서의 경우에는 존칭어를 사용하지 않는다. 그러나 비교적 간단한 비즈니스 글은 대개 존칭어를 사용하는 것이 원칙이고 표현 또한 가능한 한 정중하게 사용하는 것이 바람직하다. 비즈니스 글은 대상이 누구냐에 따라 내용적인 격식을 갖추는 것도 부분적으로 가독성을 높이는 비결이 된다.

또 하나 비즈니스 글은 일반 글과는 달리 불릿 포인트를 활용하는 것이 가독성을 높일 수 있다. 불릿 포인트는 서술적인 전개가 아니라 번호를 매겨 사용하는 방식이다. 불릿 포인트의 사용은 글의 내용을 지루하게 하지 않고 핵심적인 내용을 일목요연하게 전달하는 데 효과적이다.

불릿 포인트는 1, 2, 3, 4의 번호를 매겨 사용하는 것이 일반적이다. 비즈니스 글에선 대체로 하나의 번호에 하나의 문장, 많아도 두세 개의 문장을 담는 것이 일반적이다. 번호의 사용 또한 길지 않다.

강조 문구는 글자체를 달리하는 것도 하나의 방법이다.

내용이 장황한 글은 동일한 글자체와 포인트로 작성하면 어떤 내용이 중요하고 핵심적인지 한눈에 들어오지 않는다. 대부분의 글은 핵심적인 내용을 도출시키기보다는 읽으면서 핵심적인 내용을 찾아내는 데 묘미가 있다. 그러나 비즈니스 글은 중요한 내용을 읽으면서 찾아내는 일은 번거롭게 한다. 그리고 전체 내용을 상세히 읽을 만한 시간적 여유도 많지 않다. 그렇기 때문에 한눈에 중요한 내용을 파악할 수 있도록 하는 것이 중요하다.

비즈니스 글은 신문이나 잡지 기사처럼 글 가공 과정을 많이 거치지 않는다. 글의 양식을 중시한 나머지 내용의 가공에는 다소 소홀한 면이 있다. 그런 만큼 핵심적인 내용을 도출해서 전체의 내용을 읽도록 독자를 이끄는 것이 중요하다. 구체적으로 강조하고자 하는 문구나 문장은 글자체를 달리하는 것도 가독성을 높이는 방법이다.

단, 강조 문구가 여러 부분 있을 때는 글자체를 달리하는 것은 바람직하지 않다. 하나의 비즈니스 글에서는 강조 문구의 글자체도 하나로 통일시키는 것이 좋다. 글자체를 다양하게 쓰면 어느 것이 중요한지 파악이 잘 되지 않고 외형적으로도 혼란을 일으킬 수 있다. 흔히 강조 문구는 고딕체나 이탤릭체로 사용하는데, 비즈니스 글의 본문 글꼴과 잘 조화를 이루도록 선택하는 것이 중요하다.

글꼴 선택에도 신중을 기해야 한다.

요즘은 대부분 비즈니스 글쓰기에 워드프로세서를 이용하기 때문에 글쓴이의 취향에 맞게 다양한 글자체를 선택할 수 있다. 하지만 비즈니스 글의 글자체 선택은 글을 읽는 사람이 편하게 거부감 없이 볼 수 있도록 배려하는 것이 중요하다. 그러므로 글자체를 정할 때 보편적으로 많이 사용하는 것을 선택해야 한다. 아무래도 읽는 사람의 눈에도 익숙한 글자체이기 때문이다.

비즈니스 글의 본문은 보통 신명조나 바탕체가 좋다. 굴림체나 돋움체는 인쇄를 하면 퍼지는 경향이 있다. 글자의 크기도 10~12포인트가 적당하다.

제목은 14~16포인트가 적당하고 글자체는 본문과 다르게 하는 것이 좋다. 제목의 글자체는 본문과 잘 조화를 이루는 것이 바람직하며, 컴퓨터 화면상에서 볼 때보다는 인쇄했을 때 보기 좋은 글자체를 선택해야 한다. 로마자와 한글을 혼용할 때에는 로마자가 더 크게 인쇄되는 만큼 한글보다 0.5포인트 낮춰 작업하는 것이 바람직하다.

글자 색도 세 가지 이상 사용하지 않는 것이 좋다.

글자 색이 다양하면 글을 읽는 사람으로 하여금 혼란을 느끼게 하고 읽고 싶은 마음을 잃게 할 수도 있다. 글 색상은 가급적 본문은 검은색으로 통일하는 것이 좋다.

일부에서는 강조 문구에 색상을 사용하는 경우도 있다. 그러나 강조 문구에는 글자 색깔을 넣는 것보다 글자체를 달리하는 것이 더 효과적이다. 글 색상이 달라지면 시각적 혼란을 일으킬 수 있다. 특히 비즈니스 글은 특별한 경우가 아니고서는 하나의 색으로 통일하는 것이 좋다.

■참고문헌

김은령, 《비즈라이팅》, 책아책아, 2004.
박동규, 《글쓰기를 두려워하지 말라》, 문학과 지성사, 2003.
한주원, 김경화, 《실용 문서작성》, 오케이프레스, 2003.
황성근, 《미디어글쓰기》, 박이정, 2005.
케빈 라이언, 권오열 역, 《비즈니스글쓰기 노하우》, 길벗, 2005.

너무나도 쉬운 비즈니스 글쓰기

ⓒ 황성근 2006

초판 1쇄 발행 2006년 6월 30일
초판 7쇄 발행 2015년 3월 15일

지은이 황성근
펴낸이 이기섭
편집인 김수영
기획편집 정회엽 최선혜 이조운
마케팅 조재성 정윤성 한성진 정영은 박신영
경영지원 김미란 장혜정

펴낸곳 한겨레출판(주) www.hanibook.co.kr
등록 2006년 1월 4일 제313-2006-00003호
주소 서울시 마포구 효창목길6(공덕동) 한겨레신문사 4층
전화 02-6383-1602~3 **팩스** 02-6383-1610
대표메일 book@hanibook.co.kr

ISBN 978-89-8431-192-3 13320

- 값은 뒤표지에 있습니다.
- 파본은 구입하신 서점에서 바꾸어 드립니다.
- 이 책의 내용 일부 또는 전부를 재사용하려면 반드시 저작권자와 한겨레출판(주) 양측의 동의를 얻어야 합니다.